シリーズ「遺跡を学ぶ」037

縄文文化の起源をさぐる

小瀬ケ沢・室谷洞窟

小熊博史

新泉社

縄文文化の起源をさぐる
―小瀬ヶ沢・室谷洞窟―

小熊博史

【目次】

第1章　最古の縄文文化を求めて

1　小瀬ヶ沢・室谷洞窟の発見

送られてきた石槍

それは一九五三年ごろのことである。新潟県長岡《ながおか》市立科学博物館の中村孝三郎《こうざぶろう》のもとに、会津にほど近い東蒲原《ひがしかんばら》郡の山深い村から、小さな紙箱が送られてきた。なかには数点の石器が入っていた（図1）。送り主は西川《にしかわ》村（旧上川《かみかわ》村、現阿賀《あが》町）に住む長谷川敬熙《けいき》という人であった。村内の小瀬ヶ沢《こせがさわ》とよばれる沢沿いに銅山へつづく林道がつくられており、炭焼きの帰りに崖を開削したあたりで石器を採集したという。それを、遺跡発掘の新聞記事で知った長岡の中村に送ってきたのである。

だが、その小瀬ヶ沢の崖にある洞窟の存在を中村がはじめて確認するのは、それから数年が経過した一九五七年の秋のことになる。

この年の八月、長野県境の中魚沼《なかうおぬま》郡津南《つなん》町で、東京大学の山内清男《やまのうちすがお》が本ノ木《もとのき》遺跡の発掘調査をおこない、多数の石槍《いしやり》を発見した。それらは縄文時代の古い時期、あるいは旧石器時代にさかのぼるものと考えられた。

その発掘の様子をじかに目にした中村は、数年前に長谷川が送ってきた石器のなかに同じような石槍が一点含まれていたのに気づいた。そのたった一点の石槍と、本ノ木遺跡で出土していた石槍との密接な関連を感じとったにちがいない。

これによって中村は、それまで縄文時代早期にさかのぼる遺跡を必死に追跡していた信濃《しなの》川流域から、はるか離れた阿賀野《あがの》川流域へ目を転じることになった。中村の半生記である『古代の追跡』（講談社）には、「目にみえない運命の絆に、つよく手繰られてゆくように」東蒲原方面に向かったという記述がみられる。

中村は一一月一八日から、まず笹神《ささがみ》村（現阿賀野市）周辺の踏査をはじめ、一九日には津川《つがわ》町（現阿賀町）に宿泊し、二〇日に西川村を訪れた。日記にはつぎのように書かれている。

「津川、晴れたり曇ったり。（午前六時五五分）

図１● 発掘前に中村孝三郎の手元にあった小瀬ヶ沢洞窟の石槍
発掘前の 1958 年 7 月 4 日付『新潟日報』に掲載された石槍（写真の 2 点は長岡市立科学博物館、右図の石槍は上川郷土資料館の所蔵）。石槍の裏には、「東蒲原西川村神谷広瀬」などと記され、このうち 1 点が長谷川氏から送られてきた石槍と考えられる。写真左側：長さ 12cm。

バスにて八田蟹《やたがに》に至る。この間流れ美しく紅葉にて山美し。広瀬の長谷川敬熙君宅を訪ね、政治老より二〇分程ある山間の岩山に案内してもらう。実際驚く。岩陰《いわかげ》遺跡なり。断崖にある半洞窟の遺跡にして下の新道より剥片をひろう。長谷川宅に帰り、茶を頂き徒歩にて八田蟹バス停まで歩く。附近の遺跡表採。（一二時四〇分）バスにて津川に至り、新潟廻りて長岡に至り帰宅。疲れる」「実際驚く」という簡潔な一文に、洞窟を発見した中村の感動が凝縮されている。

小瀬ヶ沢洞窟に奮い立つ

小瀬ヶ沢洞窟に遭遇したその翌日、中村孝三郎はすでに発掘を決意していた。

「（午前八時三〇分）博物館。北蒲原東蒲原の出土品整理。小瀬沢のポイント誠に佳し。来年は必ず掘らうと館長と相談する」一一月二一日の日記にこう記している。当時の認識では、洞窟といえ

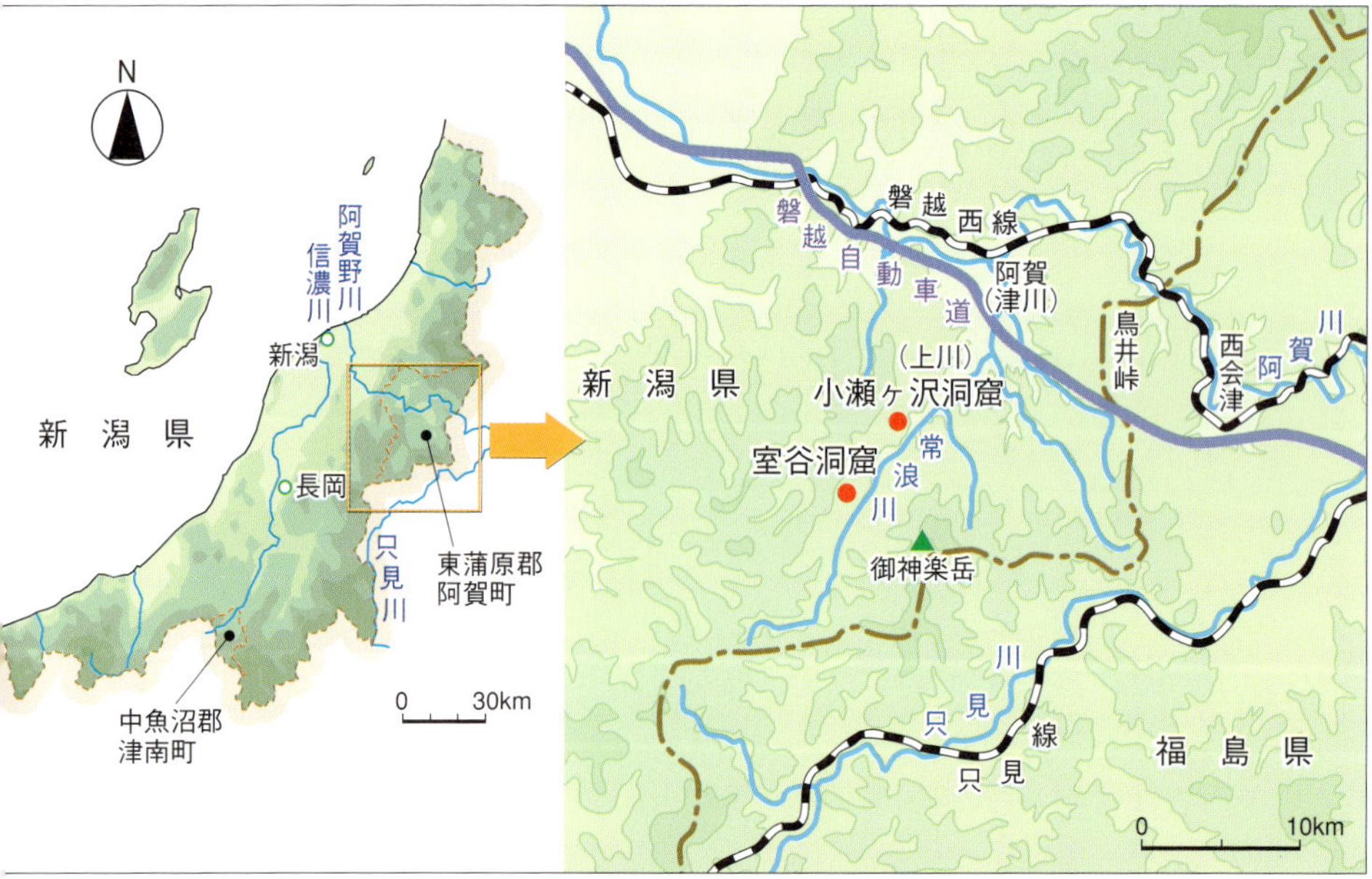

図 2 ● 小瀬ヶ沢・室谷洞窟の位置
二つの洞窟遺跡は、新潟県の東部で福島県境に接する山岳地帯に位置する。標高はそれほど高くはないが、奥深い山中にある。

ばヨーロッパで発見されていた旧石器時代の洞窟遺跡、つまり年代のかなり古い遺跡を想起していたのかもしれない。中村はあらためてポイント（石槍）に、縄文時代の古い時期をさぐる光明を見出したのである。

翌一九五八年一月、中村は上京して東京大学の山内清男、さらに明治大学の芹沢長介《せりざわちょうすけ》を訪れて、小瀬ヶ沢の石器を見てもらっている。先の本ノ木遺跡の出土品と比較することで、さらに確信を深めたにちがいない。

その年の六月、中村はふたたび小瀬ヶ沢洞窟を訪れた。二〇日の日記には、「（午前六時五五分）バスにて八田蟹に至る。徒歩一時間、小瀬沢洞窟を長谷川政治老の案内にてみ、写真二〇枚撮る。仲々良き遺跡なり。出土品の良好状態ならんことを願う」とある。

それにしても、長岡から一〇〇キロ以上も離れた阿賀野川流域の山間部

図3●小瀬ヶ沢洞窟に立つ中村孝三郎（発掘調査前）
第1次発掘調査前に撮影した写真。洞窟の入口部分は中村の右側にあって、崩落した岩石にかなり埋もれていた。

（図2）で、よく発掘することができたものである。中村がしばしば苦言を呈していたように、博物館の予算はきわめて厳しい状況であり、遠方の地での発掘は多大な困難をともなう大きな賭けであった。

そして七月はじめ、小瀬ヶ沢洞窟の発掘を予告する記事が地元紙に掲載された（「上川村にほら穴遺跡─石器時代の穴居か、近く大がかりな発掘調査」『新潟日報』）。遺跡に挑む中村の決意表明である。そして、七月二四日、いよいよ小瀬ヶ沢洞窟の発掘を開始する（図3）。

その結果は次章で述べるが、石槍を主とする膨大な量の石器類と、これまで知られていなかった土器群を発見、縄文文化の黎明を照らし出す多大な成果を収めることになったのである。

室谷洞窟を狙え

小瀬ヶ沢洞窟の調査成果はただちに学界でも大きな注目を集め、当時縄文時代最古の撚糸文《よりいともん》土器より古い年代であろうと推測された。その一方で、最古の縄文土器として位置づけるには、まだ確実な出土状況が明らかにされておらず、疑問視する声もあったようだ。

そこで敢行されたのが、さらに室谷《むろや》川をさかのぼった地点で発見された室谷洞窟（図4）の発掘である。小瀬ヶ沢洞窟の第一次調査の際に地元の人びとから情報を得て、その所在が確認されていた。中村孝三郎はこの洞窟が気がかりであったが、小瀬ヶ沢の発掘後に体調を崩していて、調査にとりかかることができないでいた。

室谷洞窟の調査を始動する契機となったのは、一九五九年、新潟大学医学部解剖学教室に着任した小片保《おがたたもつ》教授である。小片は形質人類学の権威で古人骨を専門に扱っていた。現在、同医学部が所蔵する人骨は「小片コレクション」とよばれ、全国各地の重要な古人骨の標本が多数蓄積されている。小片の希望によって、研究室に所属していた長岡出身の医学生が一九六〇年七月に室谷洞窟の試掘を敢行、さらに小片らによる調査もおこなわれ、洞窟内に人骨が良好な状態で埋もれていることが確認された。八月、小片は中村を訪ねて共同調査することを打診し、中村はそれに応えて九月末から予備調査を実施して発掘に備えた。

同年一一月に、室谷洞窟の第一次発掘調査がおこなわれた。上層から縄文前期や早期を中心とする多量の遺物が出土し、前期の女性人骨一体分も発見され、大きな話題をよんだ。そして、ついに関東地方最古の撚糸文土器を含む層よりさらに下層から古い土器群を発見したのである。

発掘調査後の一二月一日付『朝日新聞（全国版）』

図４●室谷洞窟と中村孝三郎
洞窟の全貌があらわれた第３次調査のスナップ。崩落岩や湧水に苦しみながらも洞窟内部をほぼ掘り終えた。

は、「小瀬ガ沢式土器　日本最古と立証される」との見出しで、室谷洞窟の発掘調査が「土器文化を解くカギ」となり、撚糸文土器の「夏島《なつしま》式土器」が最古の土器であるという「定説をくつがえす」ことになった、と大々的に報じた。山内清男は「今年の日本考古学界の最も大きなニュースの一つだ。これで（古いことが）はっきりしたといってよいだろう」とのコメントを寄せている。また、室谷洞窟の発掘報告書の序文では、「（関東地方に縄文文化の根元があるかのような）関東中心説の高慢と迷蒙（妄）を打破、打開したのは実に中村孝三郎氏を主（首）班とする室谷遺跡の発掘と研究であったのである」と述べ、小瀬ヶ沢洞窟とあわせて、室谷洞窟の成果はきわめて高く評価されたのである。

2　越後長岡の考古学者・中村孝三郎

生い立ち

中村孝三郎は一九一〇年（明治四三）二月一日、新潟県三島《さんとう》郡関原《せきはら》町（現長岡市関原町）に生まれた。関原町周辺には信濃川がつくりだした段丘が広がり、火焔《かえん》土器の発見で有名な馬《う》高《たか》・三十稲場《さんじゅういなば》遺跡や藤橋《ふじはし》遺跡など、多数の縄文時代遺跡が分布する。

中村の父直次郎《なおじろう》は呉服商を営んでいたが、遺跡の多い土地柄もあって、考古学に関心をもち、畑などで見つかる石器類を収集していた。その影響を受けて、中村は幼少時から遺物になれ親しんでいた。

一九一六年（大正五）、地元の関原尋常小学校に入学した中村は、五年生のときに剣道の練習で負傷し、結核性骨膜炎・股関節炎を患っている。この病気は再発をくり返し、生涯にわたって中村を苦しめ、足の不自由な生活を余儀なくされた。

一九二四年（大正一三）に小学校を卒業した中村は、病気のために進学を断念。上京して書店員として働くが、一九二七年（昭和二）には再び病気を患い帰郷した。その後、地元関原町で筆職人としての修行をはじめ、一九三一年（昭和六）に独立する。

しかし、一九四一年（昭和一六）に左足の骨膜炎が再発して四年弱の闘病生活を送ることになり、筆職人を辞めざるをえなくなる。中村は次男であったが、兄弟が進学や結婚で家を離れるなか、父直次郎の跡を継ぐことになった。その後、病も癒えて終戦を迎えると、地元町内会の役職に就任することが多くなり、町内会長・民生委員・農地委員・農業協同組合専務理事・町会議員などを務めた。

図5●**中村孝三郎**（1910〜1994年）
馬高遺跡の土器群を復元する中村。縄文文化を象徴する「火焔土器」の修復や研究に尽力した。昭和30年代初めころのスナップ。

近藤家と長岡市立科学博物館の開館

中村孝三郎が考古学を深める契機となったのは、火焔土器を発見した地元関原町の近藤家とのかかわりによる。近藤家は関原町の素封家で、勘太郎《かんたろう》・勘治郎《かんじろう》・篤三郎《とくさぶろう》の三代にわたって遺物の収集や遺跡の調査研究をおこなっていた。

とくに勘治郎・篤三郎父子は中央の考古学研究者と活発に交流し、本格的な調査研究にとり組んだ。昭和一〇年代に馬高遺跡を発掘して、火焔土器をはじめとする主だった遺物を収集するとともに、その研究成果を中央の学界誌『考古学』に発表するなど、越後の考古学研究の礎を築いた。中村は近藤家に出入りして勘治郎や篤三郎から教えを受け、一九三三年には近藤考古館（母屋に隣接する土蔵に収集した遺物を陳列していた）の助手となった。

長岡市が戦災復興の途上にあった一九五〇年、悠久山《ゆうきゅうざん》公園の一郭に市立の科学博物館が建設され、翌五一年に開館した（図6）。新潟県内では新しい博物館法にもとづく第一号の登録館である。当初、自然科学系の植物・昆虫・動物の三部門、人文科学系の考古部門が設置され、考古部門では近藤家から譲り受けた豊富な考古資料がその根幹となった。

中村は近藤家との縁もあって、嘱託員の待遇ではあったが、考古部門の担当（考古部長）として迎えられた。中村はすでに四一歳になっていた。博物館の展示は東京大学の八幡《やはた》一郎の指導や寺村光晴《みつはる》らの協力を得ておこなった。また、同年の冬には、博物館として最初の発掘調査を市内の藤橋遺跡で実施した。一九五二年には関原農協組合長を辞して、科学博物館の業務に専念する。

一九五四年ころから、当時最古の押型文《おしがたもん》土器を求めて、信濃川上流域への踏査を開始した。中村にとって本格的な発掘調査になったのは、一九五五年の小千谷市《おじや》三仏生《さぶしょう》遺跡であり、東京藝術大学教授の藤田亮策《りょうさく》の指導を受けておこなわれた。この調査では、押型文土器こそ発見されなかったが、縄文時代後期の良好な土器や石器類が出土し、現在では「三仏生式」として標識資料になっている。

シャベルの哲学

周回遅れの研究者として登場した中村孝三郎は、考古学の最前線に飛び出したのである。その後の彼の発掘調査活動は次節で追うことにするが、一九七五年に六五歳で科学博物館を辞めるまで、新潟県を代表する数々の主要遺跡を発掘した。さらに、博物館を辞めた後も発掘調査の担当を務め、晩年に至るまで現場にこだわりつづけた（図7）。一九八七年の三島郡三島町《みしま》（現長岡市）千石原《せんごくはら》遺跡が最後の発掘になった。それから七年後の一九九四年一〇月六日、八四歳でこの世を去った。

図６●悠久山公園に開館した長岡市立科学博物館と中村孝三郎
科学博物館は桜の名所・悠久山公園にあり（1978年まで）、「御山（おやま）の博物館」として市民に親しまれた。

「考古学とは、どんなものか―― それは考えては掘り、掘っては考える、シャベルの哲学である」

その言葉どおり、発掘に賭けた生涯であった。

中村は数多くの遺跡を発掘しながら、全国的な視点で県内の主要遺跡の新旧を明らかにし、遺物の編年の骨組みをつくりあげた。手がけた各発掘報告書には、その成果の結晶である「越後先史時代編年表」が挿入されている。旧石器時代の標識遺跡を明らかし、「馬高式」「三十稲場式」「三仏生式」「藤橋式」など縄文時代の諸型式を設定して、その内容を具体的に示したことは、以後の旧石器や縄文文化の研究の礎となった。それらの業績は中村の著作である『先史時代と長岡の遺跡』（長岡市立科学博物館）や『越後の石器』（学生社、図8）などに総括されている。病身で学歴もなく、周回遅れで考古学の世界に足を踏み入れた中村は、黙々と遺跡を発掘し、確固たる遺物を発見することで、中央の学界に対して反骨精神を示したのである。

時間と経費を投入しておこなう現代の発掘とは異なり、小瀬ヶ沢・室谷洞窟などが調査され

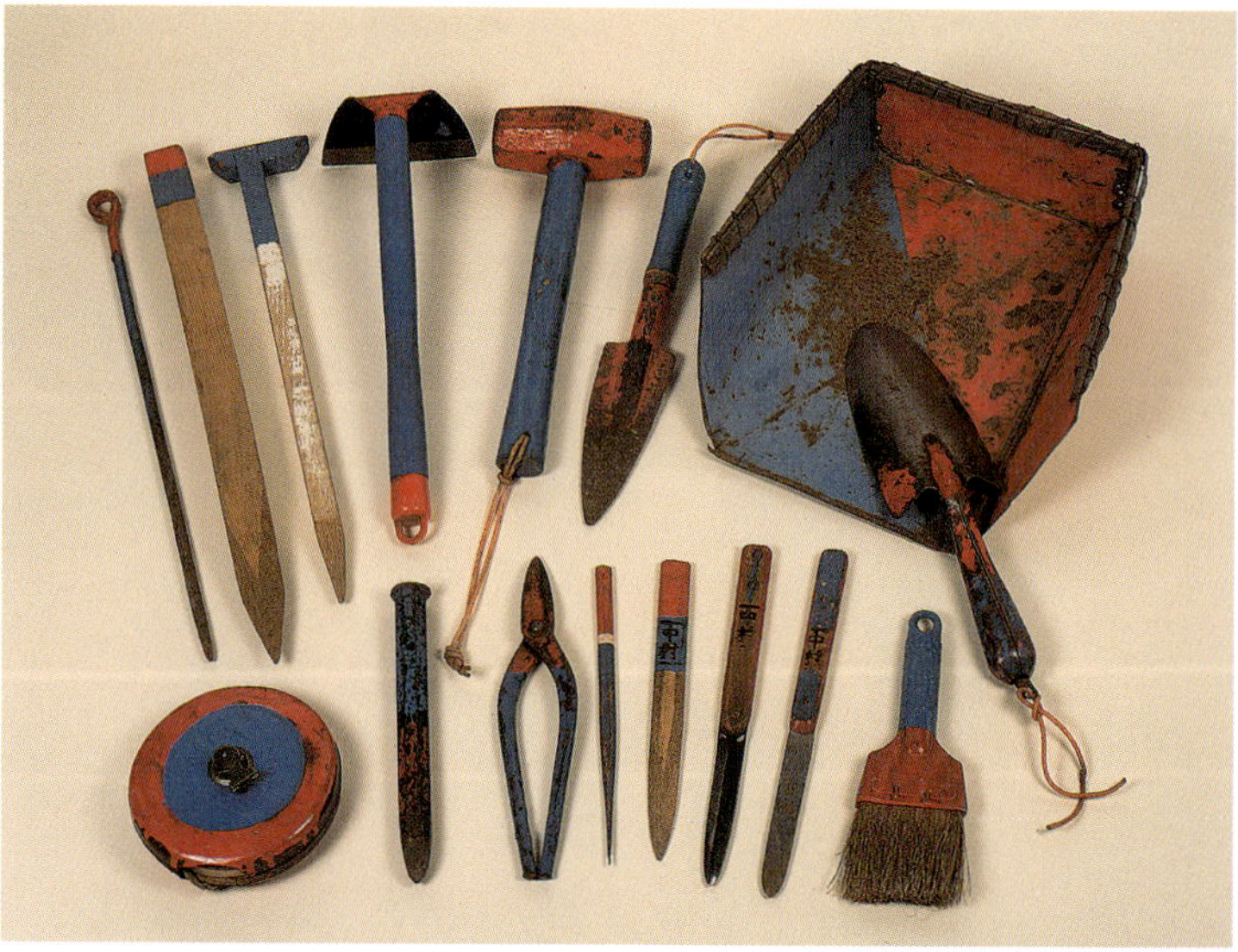

図7 ● 中村孝三郎が使った発掘用具
中村のトレードマークである赤と青のペンキを塗布した用具。鉄製のコテやヘラなどには、洞窟発掘用として中村が独自に製作したものもある。

た昭和三〇年代では予算も乏しく、短期間で実績をあげる必要に迫られていた。そのため遺物がまとまって埋蔵されている地点を見きわめることが重要で、中村は勘の鋭さを発揮した。しっかりした地形の観察や事前の踏査、経験に裏づけられていたのであろう。

中村の発掘に参加した関雅之《せきまさゆき》は、中村の人柄を「ロマンチスト」「短気で一本気」「自己至上主義」「緻密で根気強い」「やさしく気さく」「『酔えば』進軍ラッパの鳴り響く」と評するが、個性的な性格をよくとらえていると思う。情熱家の中村のもとには、考古学を志す学生や教員、地元の愛好者など、考古学に関心を寄せる多くの仲間が集まり、発掘の実働的な推進力になった。こうした人たちが後に越後古代研究会をつくることになる。在野の研究者としての粘り強い志向と実践によって、中村は越後の考古学を強く牽引していったのである。

さて次節では、中村が小瀬ヶ沢・室谷洞窟の発掘に至るまでの、最古の縄文文化を追求する足跡を、当時の学界の動きと関係づけながらたどっていこう。

図 8 ●『越後の石器』のために作成された中村のトレース図版
中村が精魂をこめて描いた石器のトレース原図。すべて手書きで墨入れをした。生前最も大切にしていた資料の一つで桐箱に収められていた。

3　小瀬ヶ沢・室谷洞窟に至る道のり

最古の土器を求めて

「縄紋土器の由来を知るには、先づ最も古い縄紋土器を決定することが必要である」――縄文土器研究の泰斗である山内清男は一九三二年（昭和七）に、こう指摘していた。縄文文化の起源の追求は戦前から考古学界で大きな課題となっていたのである。

山内は、関東地方や東北地方の貝塚遺跡を中心に発掘調査をおこない、複数の堆積層に含まれる遺物で新旧関係を明らかにする層位学的な成果に、土器のかたちや文様による型式学的な検討を加えて、縄文土器の編年を構築していった。

一九三〇年代に最古の土器として縄文時代早期に位置づけられていたのは、貝殻沈線文《かいがらちんせんもん》土器と押型文土器であったが、一九三九年（昭和一四）に東京都稲荷台《いなりだい》遺跡で撚糸文土器が新たに発見され、最古の土器群に加えられた。これらの土器群は尖《とが》り底《ぞこ》で、粘土に植物繊維の混入がない点で共通し、広域的な分布が認められたことから、慶應大学の江坂輝弥《えさかてるや》は、撚糸文と押型文を施した回転文様の土器を関東以西に広がる南方系、貝殻沈線文土器を関東以北の北方系とする「南北二系統論」を唱えた。

関東を中心とした縄文土器編年の確立

戦後になると、群馬県岩宿《いわじゅく》遺跡で先土器時代（旧石器時代）の文化の存在が明らかになった。それとともに最古の縄文文化を追求する機運が高まり、全国各地で発掘調査にもとづく縄文土器の編年研究が本格的に始動することになる。

関東地方では、一九五〇年代前半に茨城県の花輪台《はなわだい》貝塚、神奈川県の平坂《ひらさか》貝塚・夏島貝塚・大丸《だいまる》遺跡など、撚糸文土器にかかわる発掘調査があいついでおこなわれ、層位学的な出土状況にもとづいて早期土器群の年代序列が明らかになりつつあった。

一九五四年、芹沢長介はそれらの調査成果を踏まえて、撚糸文土器の諸段階から貝殻沈線文土器を経て、条痕文《じょうこんもん》土器に至る編年を組み立てた。また、中部地方を中心に発見されていた押型文土器は、撚糸文土器と貝殻沈線文土器の間に位置づけられた。これによって、先の南北二系統論は退けられ、関東地方における早期縄文土器の編年がほぼ固まることになった。ただし芹沢の編年表に示されるように、関東地方のみが先行し、その他の地方には空白が目立つものであった。とくに関東地方最古の撚糸文土器に対応する段階はまったく不明であった。

信濃川流域をさかのぼる

新潟県内でも、すでに明治のころから縄文時代の遺跡や遺物は知られていたが、それらをはじめて体系的にまとめたのが、斎藤秀平《しゅうへい》である。一九三七年（昭和一二）、関東地方の編年に合わせるかたちで、前期から後期までの土器型式を示し、最古の縄文土器として押型文土器の「芋坂《いもさか》式」を提唱した。出土地としては中魚沼郡真人《まっと》村（現小千谷市）を中心に計一一カ所の遺跡名があげられている。

これは八幡一郎の報告にもとづくもので、地元の資料のなかから押型文土器を見つけ出したのは、中村孝三郎を考古学の世界へ導いた長岡の郷土史研究家近藤勘治郎であった。

中村は、一九五一年の長岡市立科学博物館の開館以来、地元長岡周辺の遺跡を発掘しながら、当時縄文最古の土器とされていた押型文土器を求めて、信濃川上流方面に踏査の足をのばしはじめていた（図9）。一九五二年のことである。

小千谷市三仏生から真人芋坂へ踏査をくり返すが、目指す押型文土器は発見できなかった。

一九五三年には、さらに信濃川をさかのぼり十日町市域へ入ったが、やはり古式の縄文土器は

図9 ● 信濃川流域の関連遺跡
1950年代前半、中村は長岡〜津南間の信濃川流域を丹念に踏査した。写真は戦前に近藤家が収集した真人村芋坂発見の押型文土器破片。

見つからなかった。

そして一九五四年の八月、中村はついに長野県境の津南町に至る。津南町は日本有数の河岸段丘が発達し、縄文時代の遺跡が密集する地帯である。遺物を収集していた何人かの個人宅を訪ねた折、遺物の入った箱を見ていくうちに、小さな一点の押型文土器の破片を発見した。

中村はそのときの興奮を「あった!……私にとって夢にまでみた瞼の土器であった。手にした土器片が茫《ぼう》としてかすんでいく」と記している（『古代の追跡』）。中村がさがし求めていた「鎖の先端がみつかった」のである。その後、周辺の段丘上で採集をおこない、ようやく押型文土器の破片を拾うことができた。

確かな手ごたえを感じた中村は、一九五五年に信濃川と清津《きよつ》川の合流地点に広がる段丘周辺に調査を進め、格子目の押型文土器が多数採集される卯ノ木《うのき》遺跡に狙いを定めた。そして、翌五六年八月に同遺跡の発掘をおこない（図10）、「菱目文《ひしめもん》」と称される特徴的な押型文土器を多数発掘した（図11）。また、楕円文《だえんもん》と山形文《やまがたもん》が重なっ

図10 ●卯ノ木遺跡の発掘調査
発掘作業を見守る中村孝三郎（左から2番目）。調査は、八幡一郎（左端）の指導を受けておこなわれた。

て施された復元個体は、中部地方の押型文土器の指標となった。その一方で、中村は、同遺跡の一部のトレンチ（発掘区）から出土した特異な縄文土器片の存在にも注目していた。後に中村が「押圧縄文《おうあつじょうもん》」と命名したこの種の土器は、じつは前年に山内清男が発掘した山形県の日向《ひなた》洞窟ですでに発見されており、さらに同年に発掘された本ノ木遺跡からも出土することになる。

本ノ木遺跡の発掘

卯ノ木遺跡の発掘と同じ一九五六年の一二月、津南町の本ノ木遺跡を明治大学の芹沢長介らが発掘した（図12）。芹沢は、地元郷土史家の石沢寅二《とらじ》が採集した遺物のなかに無土器時代の石器が混在していることを確認していた。同年五月には東京大学の山内清男らとともに同地へ赴き、現地の視察をおこなったが、確証を得ることができず帰京している。

その後、くり返し踏査をつづけていた石沢から、尖頭器《せんとうき》（石槍）が多数採集される地点を発見したとの報告を受けた芹沢は、ただちに発掘を決意した。そして一一月に予備調査をおこなったうえで、雪の降りはじめた一二月に短期間の第一次発掘調査を敢行したのである。

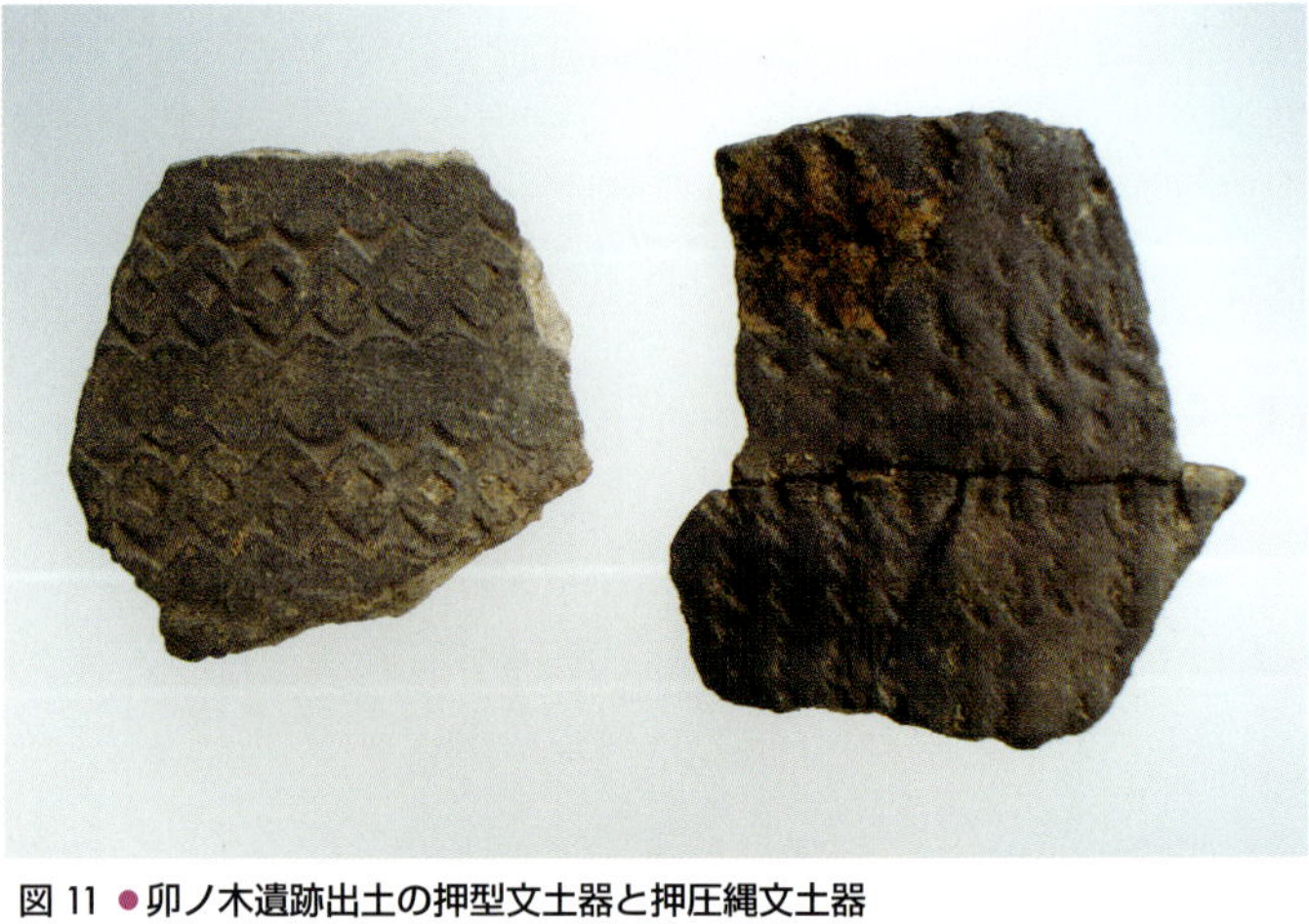

図 11 ● 卯ノ木遺跡出土の押型文土器と押圧縄文土器
左：卯ノ木遺跡独特の「菱目文」を施した押型文土器片（卯ノ木式）。
右：卯ノ木遺跡では縄を押しつけた「押圧縄文」土器片も出土していた。

調査では多量の尖頭器（図13）に混じって、一個体の押圧縄文土器が出土した。この土器は、卯ノ木遺跡から出土した土器と同種の文様をもつものであったが、芹沢は後世の混入として、尖頭器群のみを「無土器時代」の所産であると考えた。一方、その翌年八月に同遺跡の第二次発掘調査を実施した山内（図14）は、同様の尖頭器と土器を検出し、両者を古式の縄文文化に属する同時期のものと位置づけた。

この見解のちがいは、無土器時代と縄文時代の区分や年代観などにかかわる重大な議論に発

図 12 ● 本ノ木遺跡の発掘調査
本ノ木「冬の陣」ともよばれる 1956 年 12 月の調査。
立っているのが発掘を指揮する芹沢長介。

図 13 ● 本ノ木遺跡の石槍
1000 点を超える多数の石槍類がみつかった。この石槍は長岡市立科学博物館所蔵。地元津南町の広田永徳氏から寄贈を受けた。

展し、のちに学界で「本ノ木論争」とよばれるようになった。中村孝三郎はどちらの調査も見学しているが、後年に小瀬ヶ沢洞窟遺跡の発掘経緯にふれるなかで、「この元（本）ノ木の第一回発掘後、石槍をめぐって遺跡の古さ（所属期）などについて芹沢氏と私の間に相異があり……」と述べており、本ノ木遺跡を縄文時代の遺跡と考えていたようだ。

信濃川流域の旧石器〜縄文時代の遺跡発掘

津南町周辺では、その後も考古学的な調査があいついでおこなわれた。一九五七年六月、新潟県教育委員会が妻有郷《つまりごう》（中魚沼郡）の文化財総合調査を実施した。考古班は立教大学の中川成夫《しげお》を中心に芹沢長介・本間嘉晴《よしはる》・石沢寅二らが参加して、遺跡の地名表や編年表などの基礎的なデータを集成した。

一方、中村孝三郎は同年七月、貝坂《かいさか》遺跡と下別当《したべっとう》遺跡を発掘する。貝坂遺跡では黒曜石《こくようせき》製のナイフ形石器群がまとまって出土し、新潟県内でははじめての無土器時代遺跡の発掘調査となった。翌五八年九月には、芹沢長介・麻生優《あそうまさる》らが神山《かみやま》遺跡を調査し、杉久保《すぎくぼ》型ナイフ形石器

図14 ● 山内清男と中村孝三郎
左：山内、右：中村、中央は作家の松岡譲（長岡市出身）。1957年8月におこなわれた本ノ木遺跡第2次発掘調査の直前、山内は長岡の科学博物館を訪れた。

群にともなう特徴的な彫刻刀形《ちょうこくとうがた》石器を発見している（図9参照）。

このように、卯ノ木遺跡の発掘調査以降、信濃川流域の津南町周辺では、旧石器時代から縄文時代初頭の遺跡を対象に、東京の大学研究者と長岡の中村孝三郎が陣取り合戦のように競い合い、全国的な激戦区になっていた。縄文文化の起源をさぐるうえで、きわめて重要な地域として注目を集めたのである。とくに芹沢らは、長野県側の千曲《ちくま》川最上流域の矢《や》出川《でがわ》遺跡で細石刃《さいせきじん》石器群を発見し、北上して飯山《いいやま》市や野尻湖《のじりこ》周辺での調査を経て、信濃川流域へ越境してきたようだ。そこで信濃川をさかのぼってきた中村と競合するかたちにはなったが、互いの調査成果を尊重し、さかんに情報交換をおこなっていたのである。

そして、こうした最古の縄文文化の追求が小瀬ヶ沢洞窟の発見へとつながっていった。

年	長岡市立科学博物館の動向	全国の動向（おもに草創期関連）
1950年		神奈川県夏島貝塚の発掘（縄文早期）
1951年	8月：科学博物館開館	神奈川県大丸遺跡の発掘（縄文早期）
1952年		長野県樋沢遺跡の発掘調査（縄文早期）
1954年	12月：津南町樽田三峰遺跡の発掘	長野県矢出川遺跡の発掘（旧石器）
1955年	8月：小千谷市三仏生遺跡の発掘	山形県日向洞窟の発掘
1956年	8月：津南町卯ノ木遺跡の発掘	津南町本ノ木遺跡の発掘（第1次）
1957年	7月：津南町貝坂遺跡の発掘	津南町本ノ木遺跡の発掘（第2次）
	同町下別当遺跡の発掘	岐阜県椛の湖遺跡の発掘
1958年	7月：小瀬ヶ沢洞窟の発掘（第1次）	川口町荒屋遺跡の発掘（旧石器）
		津南町神山遺跡の発掘（旧石器）
		長野県神子柴遺跡の発掘
1959年	8月：小瀬ヶ沢洞窟の発掘（第2次）	長野県柳又遺跡の発掘
		同県曽根遺跡の発見
1960年	8月：津南町楢ノ木平遺跡の発掘	長崎県福井洞窟の発掘
	11月：室谷洞窟の発掘（第1次）	
1961年	8月：室谷洞窟の発掘（第2次）	山形県火箱岩洞窟・一の沢岩陰の発掘
		埼玉県橋立岩陰の発掘
1962年	8月：室谷洞窟の発掘（第3次）	日本考古学協会洞穴遺跡調査特別委員会設立
		青森県長者久保遺跡の発掘
		広島県帝釈峡遺跡群の発掘開始

図15 ● 1950年代から1960年代前半の発掘調査動向

第2章　小瀬ヶ沢洞窟の発掘

1　未知なる遺物の発見

小瀬ヶ沢洞窟をとりまく環境

小瀬ヶ沢洞窟は、東蒲原郡阿賀町（旧上川村）の神谷《かみたに》とよばれる地域にある（図2参照）。東蒲原郡は新潟県の北東部にあたり、二〇〇五年四月に上川村を含む二町二村が合併して阿賀町となった。旧上川村の範囲は広大で、同郡の三分の一以上を占めている。その大半は林野であり、南側に越後山脈が走る典型的な山村である。ゼンマイ・ワラビ・ウドなど山菜が特産品で、緑豊かな自然環境が広がっている。

東蒲原郡内には、福島県の会津地方に源を発する阿賀野川が、山地を蛇行しながら流れている。阿賀野川の支流である常浪川《とこなみ》をさかのぼると室谷川に至るが、小瀬ヶ沢洞窟はこの室谷川のさらに支流で小瀬ヶ沢川という小さな河川に面している。

室谷川との合流地点から川沿いの林道を少し登っていくと、山地が舌状《ぜつじょう》に張り出した地点があって、流紋岩《りゅうもんがん》の切り立った崖があらわれる。崖面の下には大きな割れ目のような洞窟の開口部を見ることができる（図16）。

標高は約一七五メートルで、小瀬ヶ沢川の河床とは四〇メートルほどの高低差がある。崖面の規模は高さ約二〇メートル。現在は崩れてしまっているが、発掘当時の洞窟は入口の幅約一・五メートル、奥行約七メートルと推定された。洞窟の前面には小さなテラス状の傾斜地（約八〇平方メートル）が広がる。その先端部は沢をまわり込む林道によって削られているが、先に述べたように、林道の開削工事がこの遺跡の発見につながった（図17）。

図16 ● **小瀬ヶ沢洞窟の景観**（第２次発掘調査当時）
緑深い山中に姿をあらわした洞窟。小瀬ヶ沢川をはさんで対岸の尾根上から、当時としては貴重なカラー・ポジフィルムで撮影したもの。

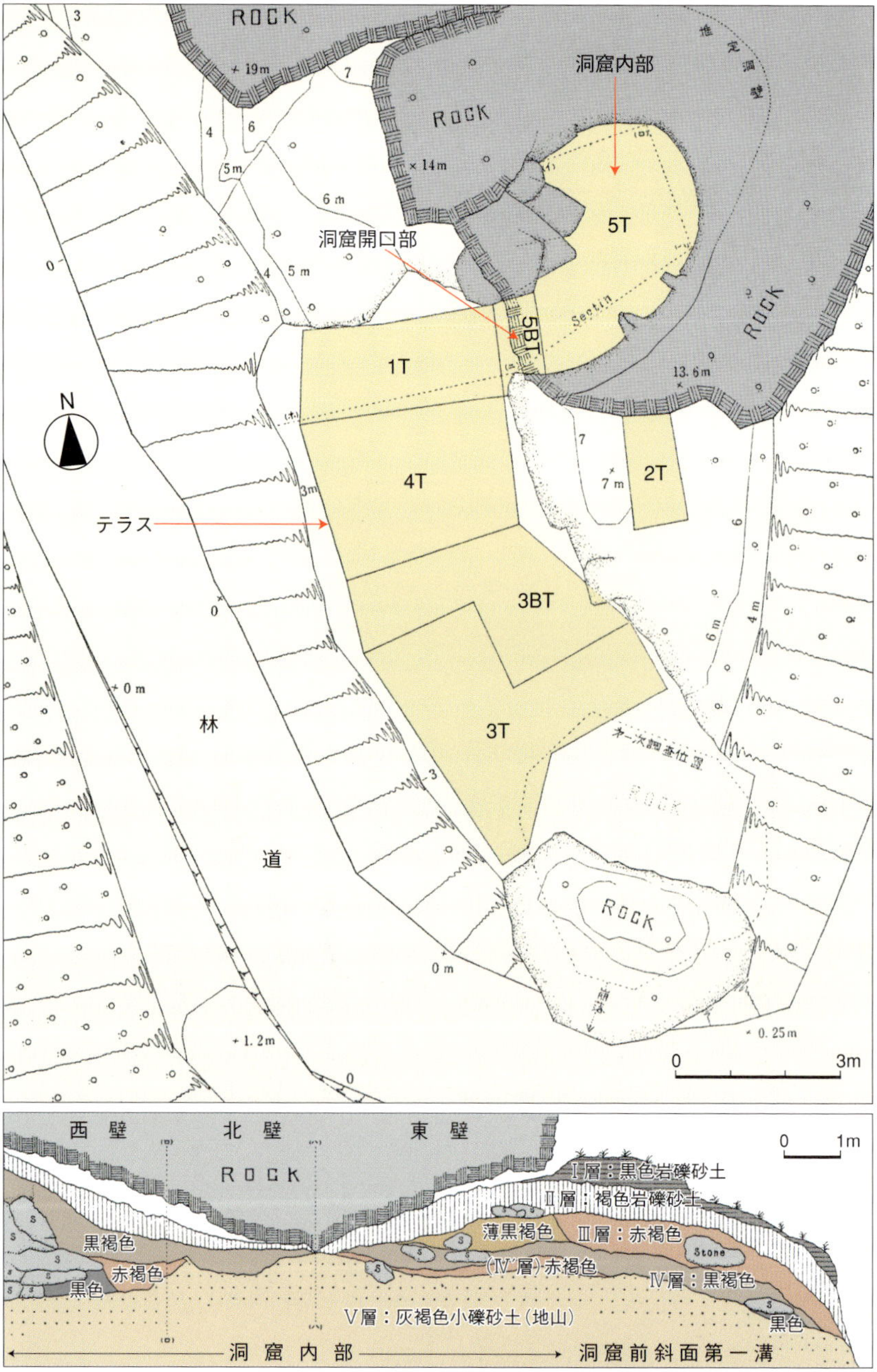

図 17 ● 小瀬ヶ沢洞窟の平面・断面図
テラスを中心に設定された発掘区。洞窟内部は崩落岩で埋没しており、狭い範囲の発掘にとどまった。

豪雨のなかの発掘—第一次調査—

二カ年にわたる小瀬ヶ沢洞窟の発掘調査は、さまざまな苦難を乗り越えながらおこなわれた。

一九五八年七月二四〜三一日に実施した第一次調査で、中村孝三郎と調査員たちは、宿舎であった八田蟹の旅館からおよそ三キロの行程を毎日徒歩で往復した。調査期間の前半は台風の影響もあって豪雨に見舞われ、調査員たちはずぶ濡れになって作業にあたったという。中村にとってはじめての洞窟発掘であり、崩落岩の多い堆積層には発掘用具もなかなか歯が立たず不十分であった。

まず、洞窟開口部の正面に第一溝（1トレンチ、以下トレンチはTと略記、図17参照）、東側の崖際に第二溝（2T）、テラスの南東部に第三溝（3T）を設定して発掘を開始したが、2Tは巨大な岩に突き当たり、やむなく作業を中止。1Tと3Tでの発掘作業も崩落した岩石をとり除く作業が難航したが、三日目になってようやく待望の遺物が出土した。

中村の『古代の追跡』には、掘れども何も出ない二日目までの沈滞した雰囲気と、遺物が出土しはじめた

図18●崩落岩の除去
洞窟遺跡の発掘は、土を掘るというより崩落した岩をとり除く作業が主となる。たいへんな労力がかかる。

ときの現場の感動が記されている。

ふとみると、第一トレンチの小林達雄君がしゃがんだまま私の方を見ながら、手をあげて呼んでいる。

小さなものが指先にみえた。関雅之君が下を向いたまま、何かを狙い掘りしている。その先に若松茂氏がまださかんにツルハシを振るっていた。

「出た!出た!」小林君が怒鳴っている——。

すると、偶然のように東側の第三トレンチの深い穴から、

「おーい——、出たぞ、出たぞ——」姿はみえないが、島守彦氏の大きな声がする。

「そっちは何だ——」

「スクレイパー（掻器）が出た——」

「おれのとこは、石槍だあ——」

「こっちは土器だ——」

「石槍がワンサと出てるぞ——」

二つの発掘溝は、さかんに声の交換をし、気勢をあげはじめた。（後略）

その後、膨大な石器類や土器がつぎつぎに発見され、その収納や記録に追われて調査を終了した。小瀬ヶ沢洞窟の発掘で確認された堆積層の様子は、つぎのようにまとめられる。

洞窟をおおっていたⅠ層（表土）は黒色、Ⅱ層は褐色を帯びていて、いずれも崩落した岩塊を大量に含む。つづくⅢ～Ⅳ層が遺物の出土する層にあたり、赤褐色～黒褐色で大小の岩や砂

が混じっていた。Ⅴ層は粗い砂土に小さな礫を含む基盤（地山）層であった。

図や写真を見てもなかなか実感がわかないが、遺物が発見された層に到達するまでの深さ（Ⅰ層とⅡ層分）は、1Tで最大一・三メートル、3Tでは一・九メートルにもおよぶ。崩落岩を含むこれだけの厚さの層を人力で除去するのは並大抵のことではない。遺物を発見するまでの調査員たちの苦労がうかがわれる。

崩落岩に苦しむ―第二次調査―

翌一九五九年の第二次調査は、八月一九〜二六日におこなわれた。あいかわらず崩落岩には苦労させられたが、期間中の天候もよく、発掘用具も改良され、第一次にくらべて調査は順調に進んだ。

テラスの3T北側に隣接して第三B溝（3BT）、1Tの南側に第四溝（4T）を設定して各トレンチを接続した。また、1T東側の洞窟開口部を第五B溝（5BT）、洞窟内部を第五溝（5T）として、発掘に臨んだ（図18・19）。

5BTを発掘することによって、洞窟本来の開口部の東側が開いたかたちであらわれた。5Tに入ると、左側に巨大

図19●洞窟開口部の発掘
洞窟入り口付近からは、おびただしい量の石器類が発見された。黙々と発掘する調査員たち。

な崩落岩が横たわっていたため、やむなく迂回して掘り進んだが、その内部にはさらに大小の岩石が充満していた。それらの岩石をとり除き、あるいは打ち砕きながら発掘はおこなわれたが、掘り進むたびに側壁から岩石が崩れ落ちて、大怪我をする者も出てしまった。洞窟の発掘はまさに命がけである。その後、洞窟の奥壁まで到達することはできなかったが、各トレンチでさまざまな遺物を発掘し、多大な成果をあげて調査は終了した。

二次にわたる調査で七カ所のトレンチを設定し、発掘した総面積は約四〇平方メートルになった。出土した遺物は総数約一万三〇〇〇点におよび、その多くは石器類であった。狭い発掘面積だから、きわめて高い分布密度だといえよう。とくに、全体の約八割が1T・3T・4Tなど、洞窟前のテラス周辺から出土した（図20）。なかでも3Tからは多数の石器類が発見され、その点数は三〇〇〇点を超える。報告書には、おびただしい遺物が「敷きつめられたように」出土したと記載されている。

図20 ●尖頭器の出土状況
1トレンチで18cmを超える大形の尖頭器が出土した様子。

2　草創期の多様な土器群

小瀬ヶ沢洞窟から出土した遺物は一万三一〇九点を数え、その多くは石器の剝片《はくへん》・礫片《れきへん》が占める（図21・22）。

縄文土器は総数一三九四点である。すべて破片で完形の復元品はない。時期的には草創期から前期にわたり、草創期に属する土器が大半を占める。草創期のほぼ全般にわたる多様な種類がみられ、つぎのように草創期に特徴的な文様や施文手法をみることができる。

隆起線文系土器（図23）　細い粘土紐を貼りつけた隆起線文《りゅうきせんもん》や、それに類する文様をもつ一群。細隆起線や微隆起線とよばれるこまかな文様が多い。少数ではあるが、隆起線の上に刻み目を加えるものや、瘤《こぶ》状の突起をもつものもある。小瀬ヶ沢の文様のある土器群のなかでは、年代的にもっとも古い段階に位置づけられる。

爪形文系土器（図24）　爪形文《つめがたもん》またはそれに類する文様をもつ一群。斜めに連続した爪形文を主とするが、そのほかにも施文具や施文方法のちがいによって多彩な表現をみせる。厚さをかなり薄くつくるものや、粘土に獣毛のようなこまかな繊維を混ぜているものもある。ハの字状の爪形文の一部は、つぎの押圧縄文と組み合わされている。

多縄文系土器　押圧縄文や回転縄文など、さまざまな縄文を施すもので、多縄文系とよばれる一群。押圧縄文土器（図25）は、縄（撚り紐）を押しつけた文様を主とするもので、縄の側面や環状部分を押した側面圧痕、棒や縄に細い紐を巻きつけた原体による絡条体圧痕など、多

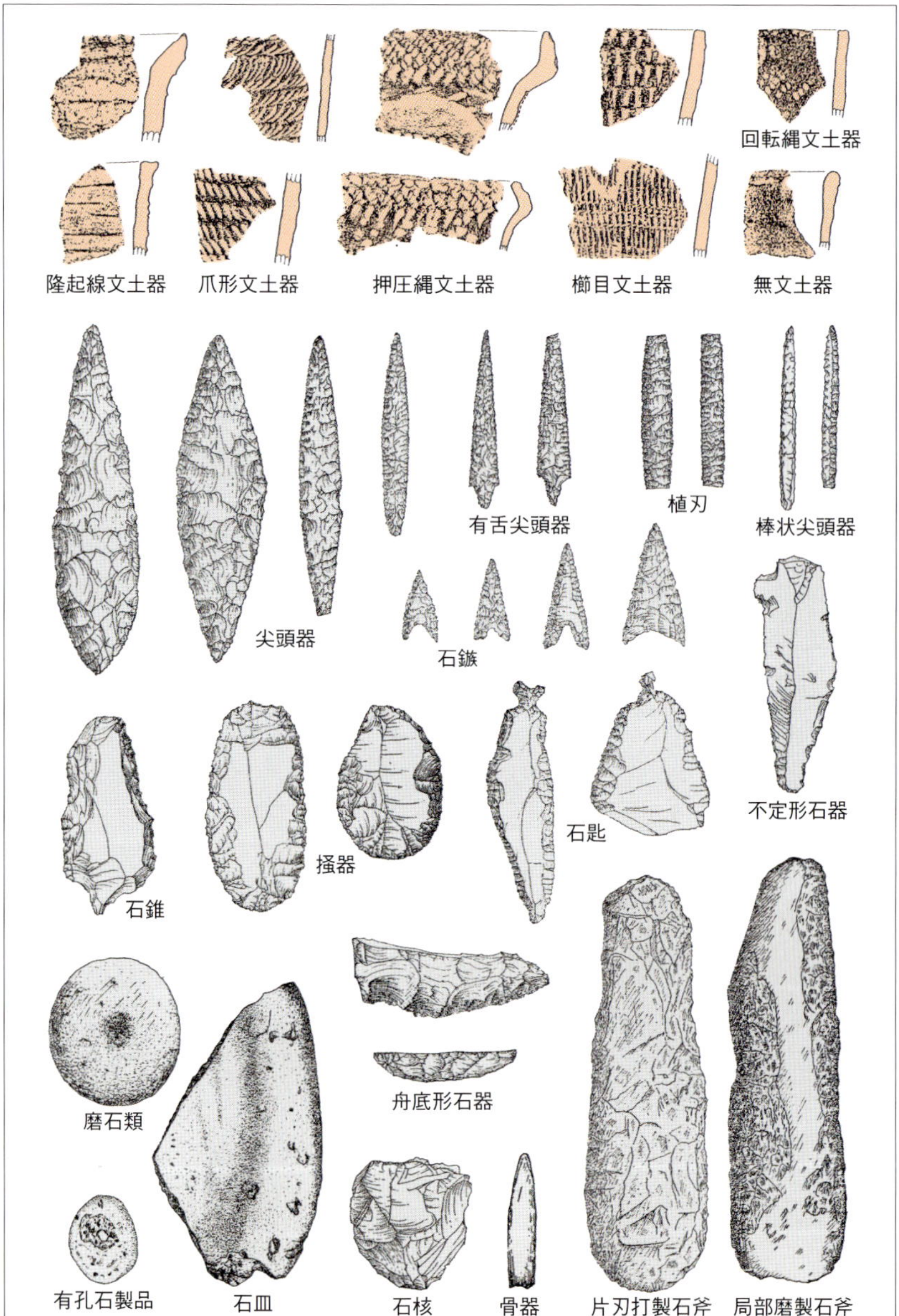

図 21 ●小瀬ヶ沢洞窟の出土遺物
草創期に特徴的な種類をほぼ網羅し、“遺物の百貨店”のような豊富な内容を示す。

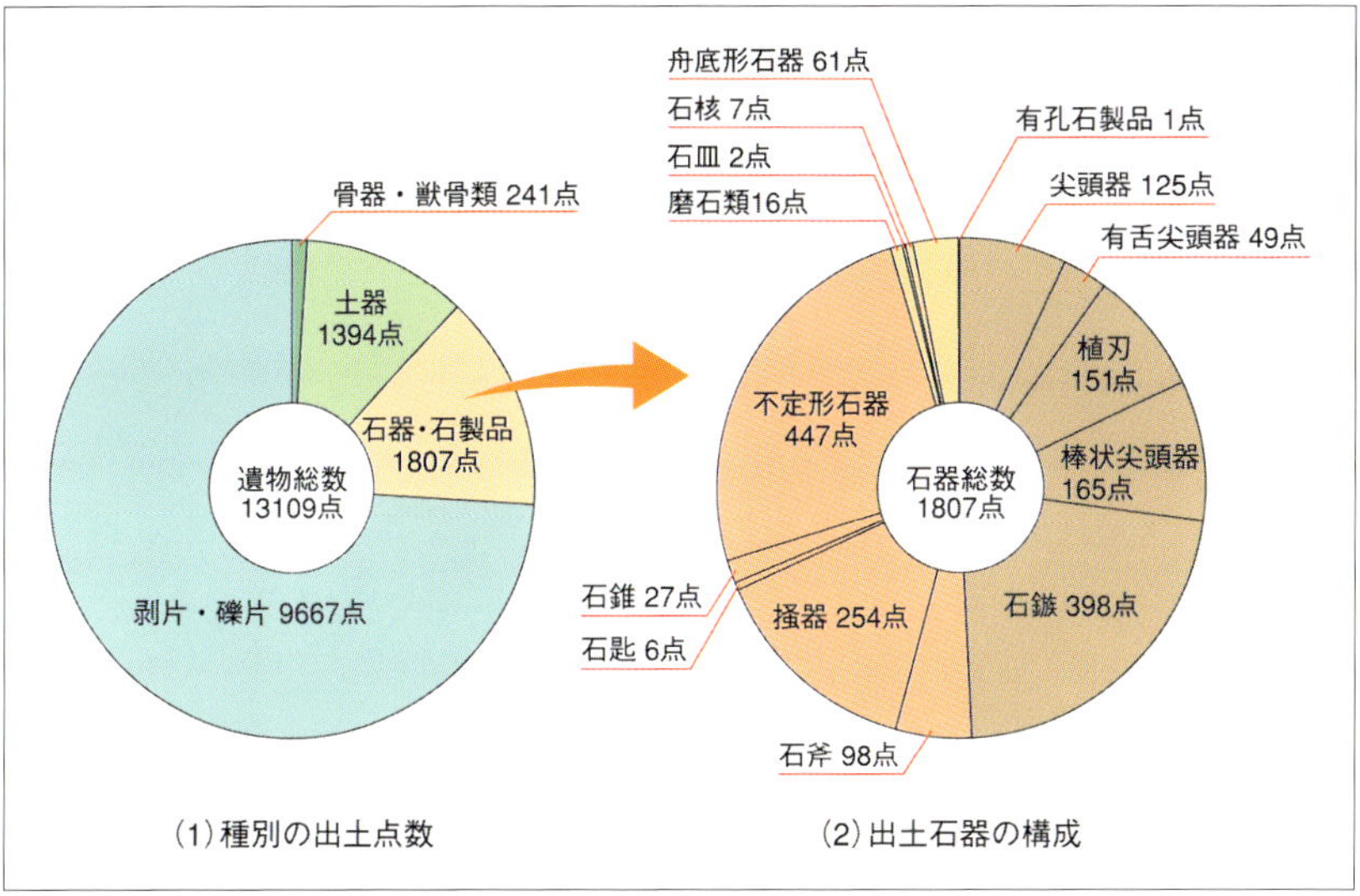

図 22 ● **出土遺物の内訳**
出土した遺物の大半は石器をつくる際に生じた剥片である。石器の種類では、尖頭器や石鏃を主とする狩猟具の比率が高い。

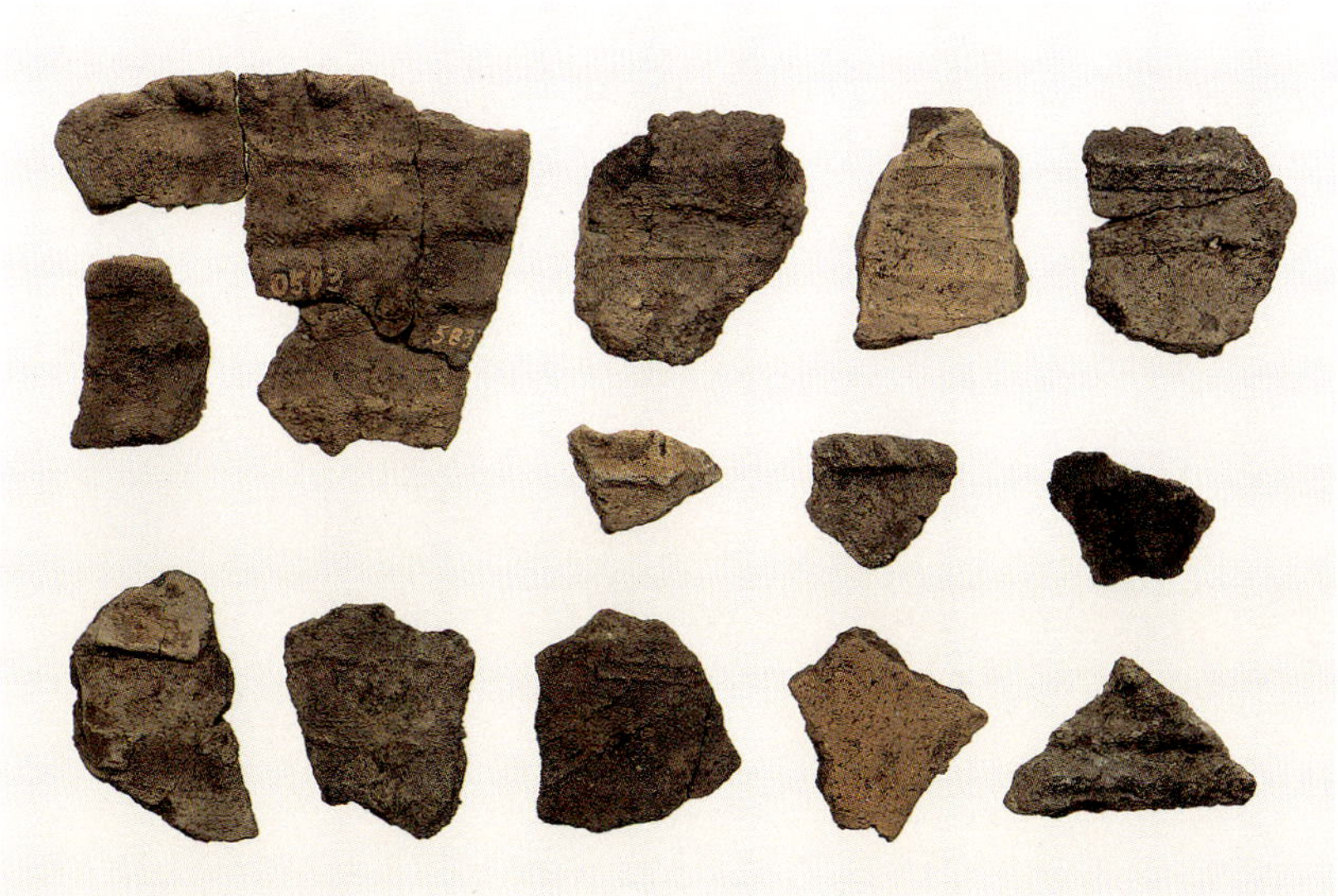

図 23 ● **出土した隆起線文系土器**
小瀬ヶ沢で出土した土器のなかでは最古のもの。土器の表面には、ミミズ腫れのような極細の隆起線が縦・横・斜めに組み合わされる。

種多様で複雑な手法が認められる。「櫛目文《くしめもん》土器」（図26）と称される簾《すだれ》状の刺突文《しとつもん》や圧痕文《あっこんもん》をもつものは小瀬ヶ沢に独特の文様であるが、施文具を押しつける方法は押圧縄文土器と共通する。回転縄文土器は、縄紐を回転させて模様をつけるもので、後述の室谷洞窟下層から出土した土器群と類似する。

その他の土器　文様を施さない無文《むもん》土器の一群がある。ただし、他の草創期土器の胴部破片や早期以降の破片も含まれている可能性がある。そのほか、少量ではあるが、早期や前期の土器破片も出土した。早期としては、撚糸文系・押型文系・貝殻沈線文系・条痕文系、前期には粘土に植物繊維を含む羽《う》状《じょう》縄文系の土器がある。

以上のように、草創期の特色をもつ隆起線文系、爪形文系、多縄文系（押圧縄文・回転縄文など）の各土器群があり、おおむね隆起線文から爪形文、押圧縄文の段階を経て、回転縄文の段階に至る土器の変遷を示している。

小瀬ヶ沢でもっとも古い土器は、現在全国でみつかっている隆起線文系土器群のなかでも比

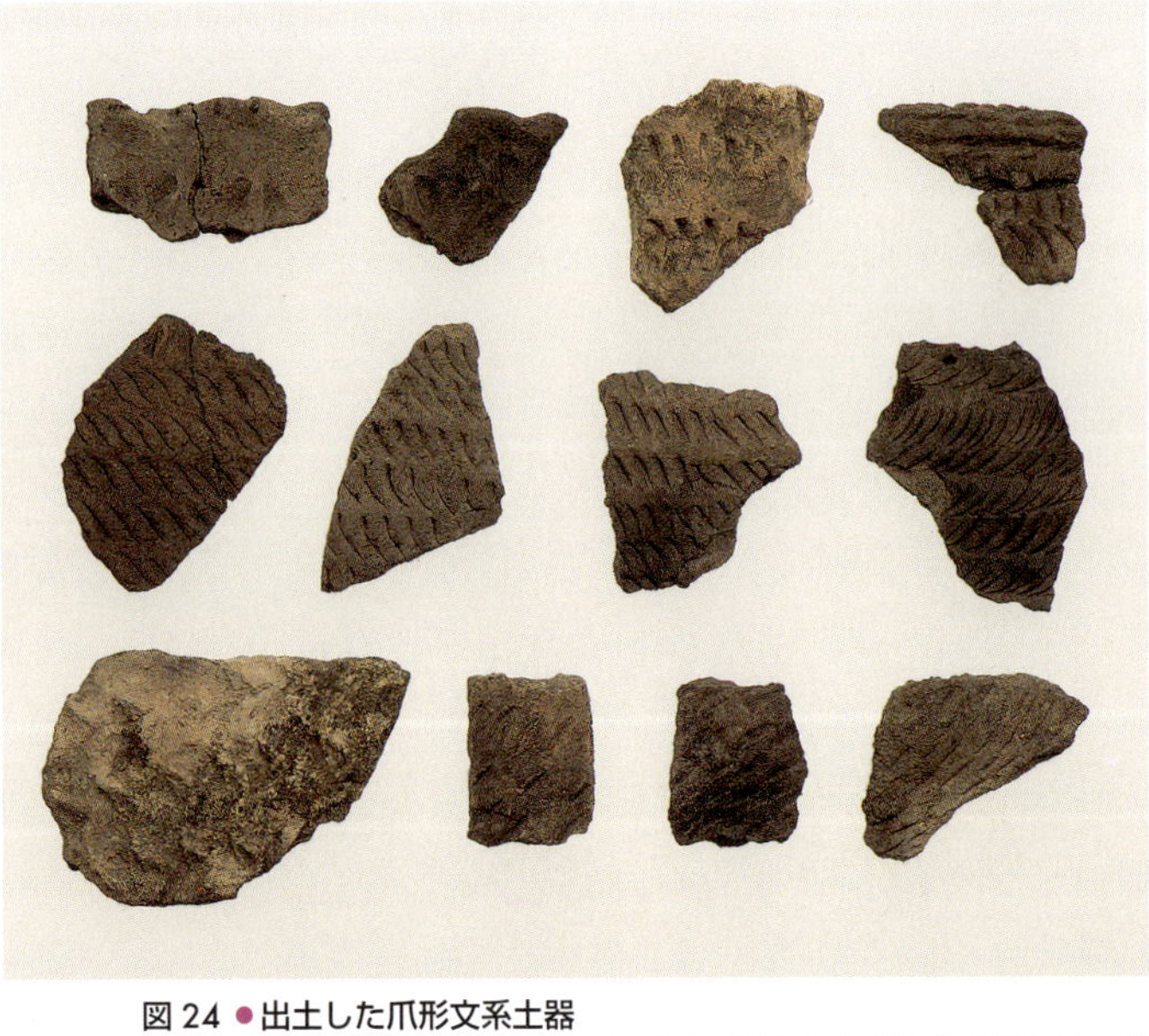

図24 ● 出土した爪形文系土器
爪形の文様はバラエティに富む。細かな文様の施文具には、管状の素材をよく磨いてつくった骨器の可能性が指摘されている。

図 25 ●**出土した多縄文系土器（押圧縄文土器）**
原体（縄紐の撚り）の種類やその押しつけ方は多様である。下段右から 2 番目は、後に土器編年で問題となる「窩紋土器」の類。

図 26 ●**出土した多縄文系土器（櫛目文・回転縄文土器）**
櫛目文は工具の側面や先端を連続的に押しつけた文様で、一部は撚糸文と組み合わされて簾状となる。回転縄文の類は、後述する室谷の土器とよく似ている。

較的新しい段階に相当する。また、回転縄文の土器は室谷洞窟下層出土の土器群とほぼ同時期で、草創期でも終末の段階に位置づけられる。それらはさらに時期差をもついくつかの段階に細分でき、このことは比較的長期にわたって洞窟が利用されたことを物語っている。また、土器はこまかい破片が多く、完全なかたちに復元できる個体も見当たらないが、土器の保有量がいまだ少ないこと自体が草創期前半の重要な特色ということができる。

3　旧石器と縄文の混交した石器群

石器の総数（剥片・礫片を含む）は一万一四七四点にのぼる。草創期を特色づける多様な種類が認められ、尖頭器類や石鏃《せきぞく》を中心に膨大な出土量を誇る（点数は図22参照）。

これらの石器群は、旧石器文化の伝統と縄文文化の発現が混交している点に特色がある。石器の種類では、尖頭器類が発達し、舟底形《ふなぞこがた》石器がみられる点で旧石器時代の技術が継承されているのに対して、縄文時代に主要な利器となる石斧《せきふ》・石鏃・石匙《いしさじ》もまた明瞭になっている。

尖頭器類と石鏃

狩猟具である尖頭器（石槍）の仲間は点数が多く、尖頭器、有舌《ゆうぜつ》尖頭器、植刃《しょくじん》、棒状《ぼうじょう》尖頭器に分類される。

尖頭器（図27・28）は、木葉形《もくようけい》・柳葉《りゅうよう》形・半月《はんげつ》形など、さまざまな形態をもち、長さ一八セ

図 27 ●**出土した大形の尖頭器**
木葉形の大形品。木などの柄につけて投槍として機能したと考えられる。
右端：長さ 18.6cm。石材は珪質（緑色）凝灰岩。

図 28 ●**出土した小形の尖頭器**
大形品とともに、柳葉形の小形品も多数出土した。左端：長さ 9.6cm。
石材は珪質凝灰岩、珪質頁岩、玉髄。

ンチを超える大形品から小形品までサイズも多様である。

有舌尖頭器（図29）とは、柄をつけるために舌状の突起（茎）をつくり出した尖頭器をいう。側縁がこまかな鋸歯《きょし》となり、基部《きぶ》の返しが鋭いのが特徴的で、「小瀬ヶ沢型」とよばれる（後述の石鏃のなかにも有茎のものもあるが、最大長三センチ以上のものを有舌尖頭器とした）。

植刃（図30）は、細身の尖頭器を素材として、その先端部と基部を折りとったものである。棒状尖頭器（図31）とともに、ロシアなどの大陸から伝播した「渡来石器」として注目された経緯があり、草創期に特有の種類である。大陸の植刃と同様に、木や骨の軸に溝を彫ったなかに埋め込んで槍やナイフのように使った可能性もあるが、尖頭器の欠損品とする見方もある。折りとった部分に剝離の加工が施されないなど、確かに大陸の植刃とは形態的に異なる点がみられる。最近の分析では、折れ面に突き刺して使った際に生じる衝撃剝離痕が観察される例があることから、使用によって破損した可能性も指摘されている。

棒状尖頭器は細長い棒状または錐状《きりじょう》の形態で、断面が三角形や四角形に仕上げられているので「断面三角形錐」とも称される。断面の直径は、わずか五、六ミリほどであるにもかかわらず、全体的にかなりこまかな剝離を加えている。完形品は少なく、先端部あるいは基部だけのものや両端部の折れたものが目立つ。これもやはり槍先か突き刺す道具として使われたと考えられる。

弓矢の先端につける石鏃（矢じり）は、草創期に登場して以降、狩猟具の主力となった。弓矢は槍にくらべて、動きが機敏な動物を射とめるのに適した新しい狩猟具である。小瀬ヶ沢の

図 29 ● 出土した有舌尖頭器
「小瀬ヶ沢型」は、全国の有舌尖頭器のなかでも時期的に新しいタイプとして位置づけられている。左端：長さ約 8cm。石材は珪質凝灰岩、珪質頁岩、玉髄。

図 30 ● 出土した植刃
大小さまざまなサイズがみられる。目的をもってつくられた器種かどうか、いまなお議論が続く。上段左端：6.5cm。石材は珪質凝灰岩や玉髄など。

石鏃（図32）には、矢柄に装着する部位の形のちがいによって尖基《せんき》・有茎《ゆうけい》・平基無茎《へいきむけい》・凹《おう》基無茎《きむけい》などさまざまな形態がみられ、突起部をもたない無茎の形態が顕著である。側縁を鋸歯状に加工する特徴的なものもみられる。

　これらの尖頭器類や石鏃には、おもに地元の川原や路頭で採取することのできる珪質頁岩《けいしつけつがん》や珪質凝灰岩《ぎょうかいがん》が用いられている。なお、黒曜石は石鏃に限って使用された。

石斧や掻器などの加工具

　ものを切ったり削ったりする加工具としては、石斧、掻器《そうき》、石錐《せきすい》などがある。周縁を粗く打ち欠いた打製の石斧（図33）は、片刃で断面が三角形状になることが大きな特徴である。草創期に特有の形態で、長野県神子柴《みこしば》遺跡の出土資料を標識とする「神子柴型石斧」の仲間に含まれる。完存品が多く、そのサイ

図 31 ● 出土した棒状尖頭器
きわめて細かい加工の剥離には驚かされる。実測図を作成する研究者泣かせの石器。錐のようにもみえるが、回転の痕跡は認められない。上段左端：長さ 7.6cm。

ズは長さ一五センチを超える大形品から一〇センチ程度の小形品まであり、刃部を部分的に研磨したもの（局部《きょくぶ》磨製《ませい》石斧）もわずかにみられる。石材は安山岩《あんざんがん》や凝灰岩を主とする。

掻器（図34）は、おもに縦に長い剝片を素材として、周縁あるいはその一部を加工して鋭い刃をつくり出した石器である。多様な形態があり、皮なめしや現代のナイフのように使われた。紐かけ用のつまみ部をもつ石匙（図35）は、縄文時代に広く用いられた携帯用ナイフである。石錐（図35）

図32 ● **出土した石鏃**
上：凹基無茎、上段左端：長さ4.9cm。下：尖基・有茎ほか、上段左端：長さ3.7cm。
多様な形態を示す。下の下段左端などは、側縁を鋸歯状に加工した類である。

図 33 ●出土した石斧
局部磨製・片刃打製石斧、右端：長さ 19.7cm。刃と柄が直交するように装着された横斧で、木材などの加工に使用したものか。

図 34 ●出土した掻器
スクレイパーとも称される。本類には下端に円い刃をもつ掻器のほか、側縁に刃をつけた削器（さっき）も含む。上段右端：長さ 9.3cm。

は剥片の一部に尖った錐部をつくり出したもので、錐部に回転による摩耗痕を残すものもあり、穴をあける道具であろう。出土点数は少ない。不定形石器はかたちの整っていない剥片を素材として、周縁にわずかな加工や剥離の痕跡を残す類で、掻器と同じような機能が考えられる。これらの石器には、珪質凝灰岩、珪質頁岩、鉄石英《てつせきえい》、玉髄《ぎょくずい》などが用いられている。

調理具、その他の石器類

磨石《すりいし》・敲石《たたきいし》類（図36）は、凝灰岩、安山岩、花崗岩などの円礫または角礫の表面に摩耗や敲打の痕跡があるものである。凝灰岩製の石皿《いしざら》は、大きく凹んだ面に摩耗や敲打がみられ、磨石・敲石類と合わせて用い、堅果《けんか》類などの粉砕や調理に使われたのであろう。

舟底形石器（図37）は、石斧や植刃のような形状の素材の長軸方向に樋状《ひじょう》剥離（打ち欠いた面が樋のようにくぼむ剥離方法）によって削片《さくへん》（スポール）を剥ぎとった舟形を呈する石器である。

図35 ●出土した石匙・石錐
上段は石錐、右端：長さ10.2cm。下段は石匙、左端：長さ10cm。石匙は掻器と同じ機能をもつが、縄文時代になってはじめて登場する形態である。

旧石器時代の細石刃石核に類似する形態のものもみられる。具体的な用途はよくわかっていないが、削片のなかには角ばった細長い形の例があり、棒状尖頭器の素材に使われた可能性も考えられる。その他、扁平な円礫の中央部に穿孔を加えた有孔《ゆうこう》石製品が一点ある。

図 36 ● 出土した磨石・敲石類
一見ただの川原石のようだが、その表面には磨り減ったり、叩いたりした痕跡が残る。左上：長さ 6.9cm。

図 37 ● 出土した舟底形石器
形態は多様で、上段左端（長さ 5.9cm）は旧石器時代の細石刃石核によく似ている。尖頭器類の素材として使われたのかもしれない。

これら各種の石器を製作する際に生じた剝片・砕片・礫片は、膨大な点数にのぼる。石材は珪質凝灰岩、珪質頁岩、鉄石英、玉髄、安山岩など多種類にわたり、いずれも地元で採取できる岩石である。その一方で、剝片を剝ぎとる石核は、膨大な剝片類にくらべて著しく少ない。

一方、石材の面では、旧石器時代に盛んであった黒曜石や良質の珪質頁岩といった遠隔地からもたらされた石材の利用は少数に限られており、頁岩系・(緑色)凝灰岩系・鉄石英を含む玉髄系などの地元産が主流であるという縄文的なあり方を示している。

これまでみてきたように、草創期に特徴的な器種をほぼ網羅する一方で、全国的にみても本遺跡でしかまとまっていない特殊な石器が含まれていることも注目される。それは研究史上「渡来石器」と称される棒状尖頭器(断面三角形錐)や植刃であり、本遺跡自体になにか特別な事情があるのであろうか。現在もなお、ロシアや沿海州方面など北東アジア地域との関連性が指摘されることがあり、縄文文化の起源を明らかにするうえで、きわめて重要な石器群として評価される。総体的には、旧石器時代から縄文時代の移行期にあらわれた「神子柴・長者《ちょうじゃ》久保《くぼ》石器群」の系譜を引くものであり、その終末期に位置づけられよう。

4　草創期の骨器と獣骨類

骨器《こっき》(図38上)は三点出土した。いずれも断片で全体の形状はわからないが、刺突具の類とみられる。獣の管状骨《かんじょうこつ》を素材に表面をよく磨いている。草創期の骨器は全国的にもめずらしい。

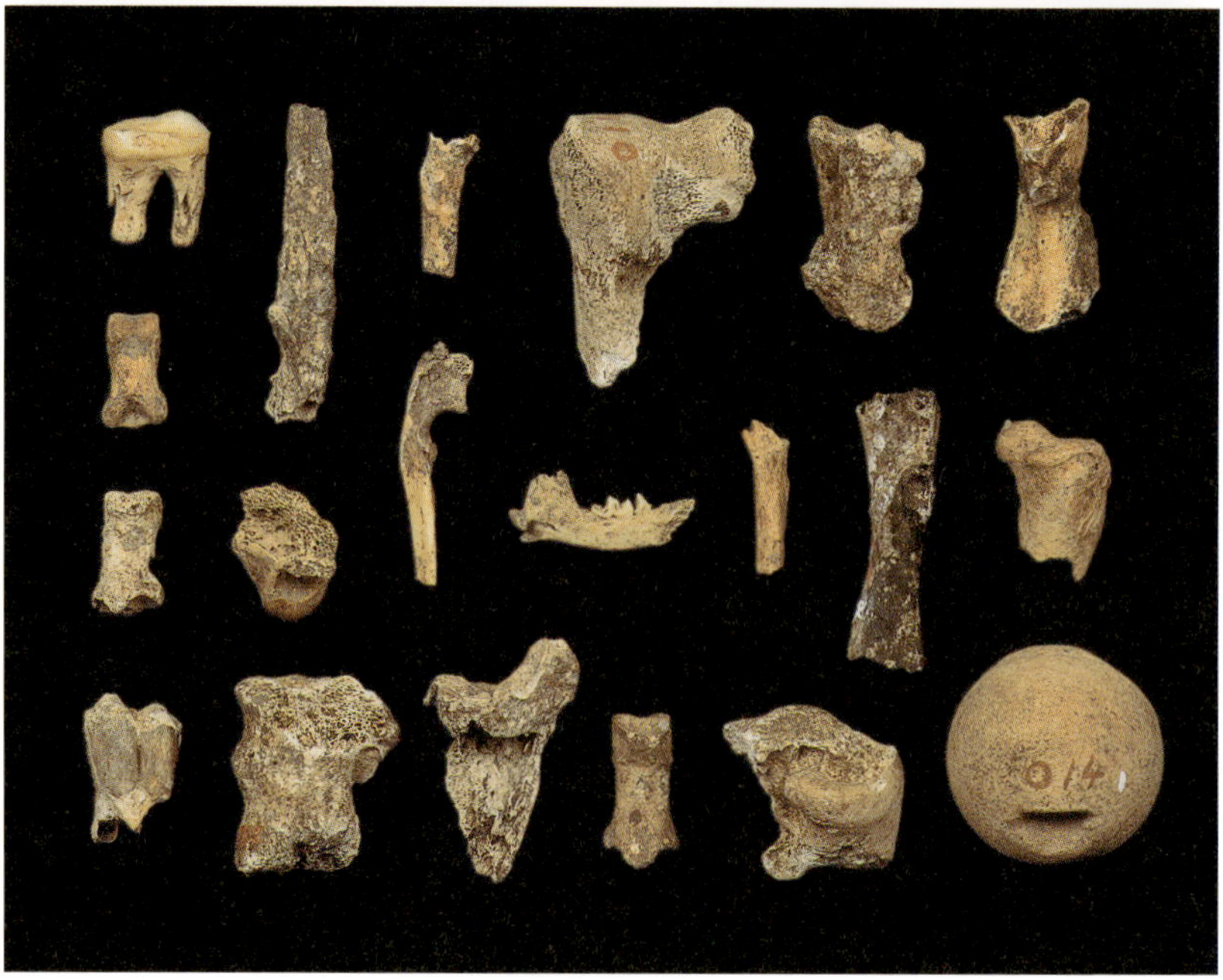

図38 ●出土した骨器と獣骨類

上：左3点は骨器、左端：長さ2.2cm。右1点はウミガメとみられる指骨。海岸地域との交流をうかがわせる貴重な資料である。
下：カモシカ、ツキノワグマ、シカ、アナグマ、ウサギ、イタチ、ムササビ、ヒシクイ、ガン。渡り鳥のガンやヒシクイなどは狩猟シーズンが限定されよう。

獣骨《じゅうこつ》（図38下）は微細な骨片を含めて三〇六点を数える。発掘調査時の集計では、5Tを中心に1Tと5BTのトレンチから出土しており、洞窟内や開口部付近に限られている。これは雨水の浸透など、地点によって埋もれていた状況が異なっていた結果と考えられる。動物の種類としては、哺乳類のツキノワグマ・シカ・小型シカ・カモシカ・ノウサギ・イタチ・テン・アナグマ、鳥類のワシ・タカ類、ヒシクイ、ガンが同定された。なかでもツキノワグマとカモシカが多いことは、遺跡周辺の山岳地帯で狩猟の対象になった動物相をよく示している。また、とくに注目されるのは、ウミガメの指骨とみられる骨片一点であり（図38上）、直線距離で約六〇キロ離れた海岸地域から入手したものであろう。

このように、小瀬ヶ沢洞窟の出土遺物には、縄文時代草創期の特色が凝集されている。これだけ多彩な遺物が発見された遺跡は全国でも数少なく、日本列島における土器出現期の様相を研究するうえで、欠くことのできない基準資料となっているのである。

5　石器工房か中継基地か

多様な遺物が膨大な量で出土した小瀬ヶ沢洞窟は、どのように利用され、どんな性格をもっていたのであろうか。その手がかりとなる遺物の出土状況を検討してみよう（図39）。

土器群は大半がⅢ層とⅣ層から出土しており、群ごとに際立った傾向はみられない。平面分布では、洞窟内部（5T・5BT）から開口部（1T）にかけてまとまっていた。種別では

（図39(2)）、隆起線文系・爪形文系土器群が開口部に偏りをみせるのに対し、多縄文系土器群は洞窟内部から比較的多く出土しており、時期ごとに利用場所がちがうのであろう。

石器類については、特徴的な器種とともに、おびただしい数の剝片が出土した。その一方で石核がきわめて少ない状況にあり、徹底した石器製作がおこなわれたことを意味している。石器群も土器群同様、層位的な出土状況に差はみられないが、器種ごとの平面分布は異なっている（図39(1)）。石鏃と磨石類は洞窟内部に、剝片を含むその他の器種はテラス側（３Ｔ）に偏っており、その製作・使用空間には明らかなちがいが認められる。石器製作はテラス部分でおこなわれ、１Ｔと３Ｔを中心とする二地点に分けられるようだ。

また、報告書に記録されている洞窟内部での石鏃の密集は特筆される。わずか一〇平方メートルに満たない範囲で一〇〇点以上がまとまって出土しており、流通の途上にある道具を意図的に集積したいわゆるデポ遺構の可能性も考えてはどうだろうか。

以上のことから小瀬ヶ沢洞窟は、たんに季節的な居住や狩猟のためのキャンプ地として利用されただけでなく、石器製作の工房や石器流通の中継基地として機能していた可能性が高い。現代でこそ行き止まりのような地に見えるが、山々の尾根筋をルートにとれば、会津方面や魚沼地方にもつながるのであり、地理的な要衝だったのではないか。

小瀬ヶ沢洞窟でその石器製作がもっとも盛んだったのは、草創期遺跡の密集地帯である信濃川上流域の様相も参考にしてみると、土器量のやや増加する多縄文系（押圧縄文）の段階ではなく、その前の隆起線文系の段階であったと考えられる。

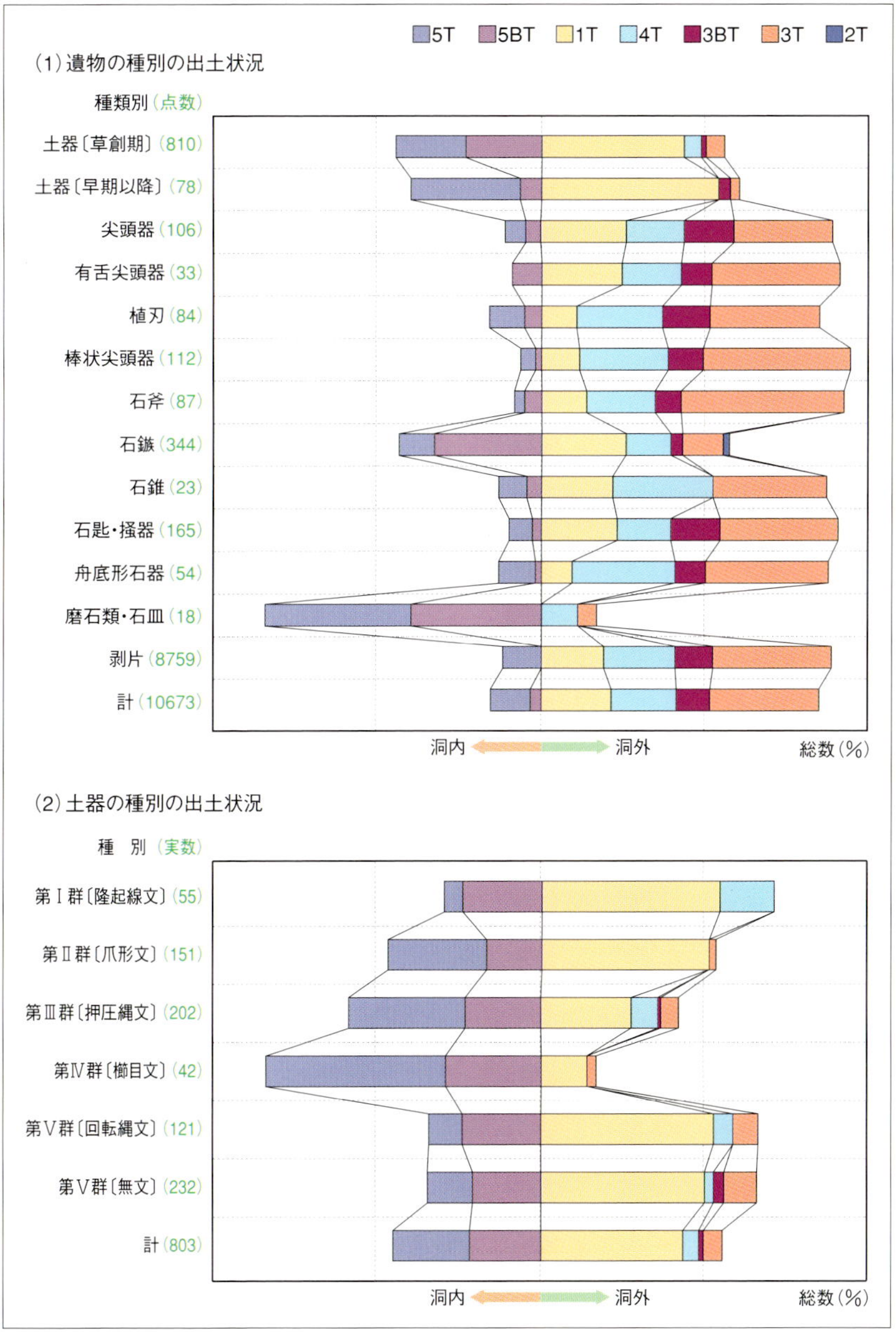

図 39 ● 主要遺物のトレンチ別出土数と構成比
石器では石鏃と磨石・石皿を除く主要な種類が、また土器では比較的古い段階ほど洞外（テラス側）で出土していることがわかる。利用時期と相関する可能性が考えられる。

第3章　室谷洞窟の発掘

1　積み重なる土層を掘る

洞窟の発掘に着手―第一次調査―

室谷洞窟は、小瀬ヶ沢洞窟と同じく東蒲原郡阿賀町（旧上川村）の神谷地域にあって、室谷川の左岸に位置している。小瀬ヶ沢洞窟から上流へ、楢山《ならやま》、鍵取《かぎとり》、さらに室谷の集落を通って、六・五キロほど川沿いにさかのぼった地点にあたる。

洞窟は小規模な段丘の先端付近で、室谷川に面した流紋岩の崖面に口を開いている（図40）。これは河川の浸食によって形成されたものである。かまぼこ形に口を開けた様子は、亀裂が入った岩陰のような小瀬ヶ沢洞窟にくらべて、洞窟らしい洞窟といえるだろう。その規模は高さ約三メートル、幅約七メートル、奥行八メートル。標高は約二一八メートルである。この洞窟より上流に集落はなく、福島県境の山々につづく林道が通るのみである。

室谷洞窟の発掘調査は、一九六〇年の秋から始まった。前述の経緯もあって、中村孝三郎は、新潟大学医学部解剖学教室の小片保らと共同で調査団（二五人）を編成した。一一月三〜八日の六日間におこなわれた第一次調査は、まず洞窟内部の左半分に第一号トレンチ（四区画）を設定した（図41）。初日から人骨の頭部やおびただしい獣骨・土器・石器類が出土して、調査は軌道に乗っていった。

小瀬ヶ沢洞窟での経験を踏まえて、発掘道具はさらに改良され、アセチレンランプのもとで発掘作業が進められた。第2層下部からその姿をあらわしはじめた人骨は、第3層上部に入ると体を横に向けた屈葬の状態とわかった（図42）。その後、深さ約一メートルの

図40●室谷洞窟の景観
洞窟手前の崖下には室谷川が流れており眺望がよい。林道を右側に行くと室谷の集落に至る。第3次調査の際に室谷川の対岸から撮影されたもの。

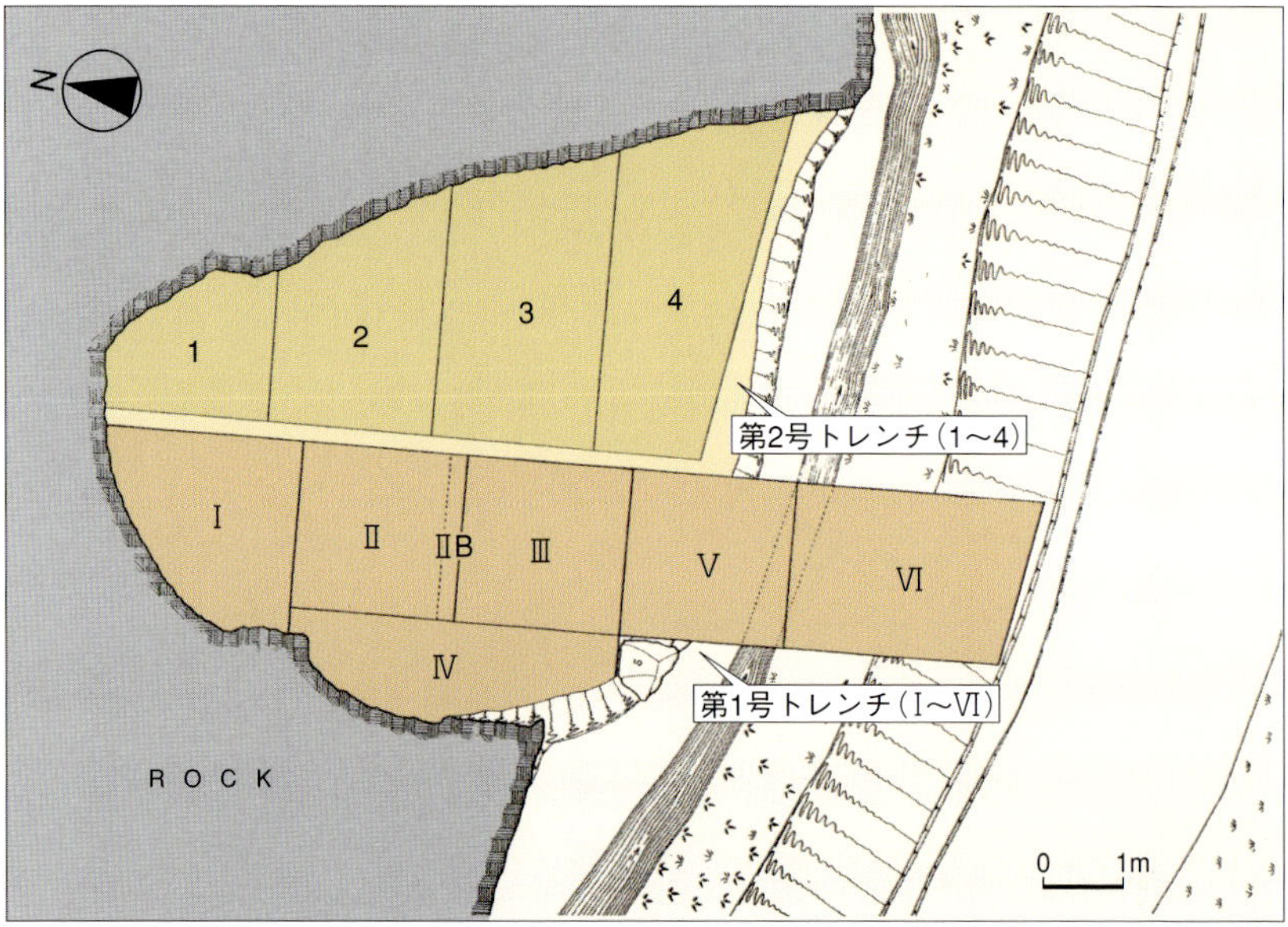

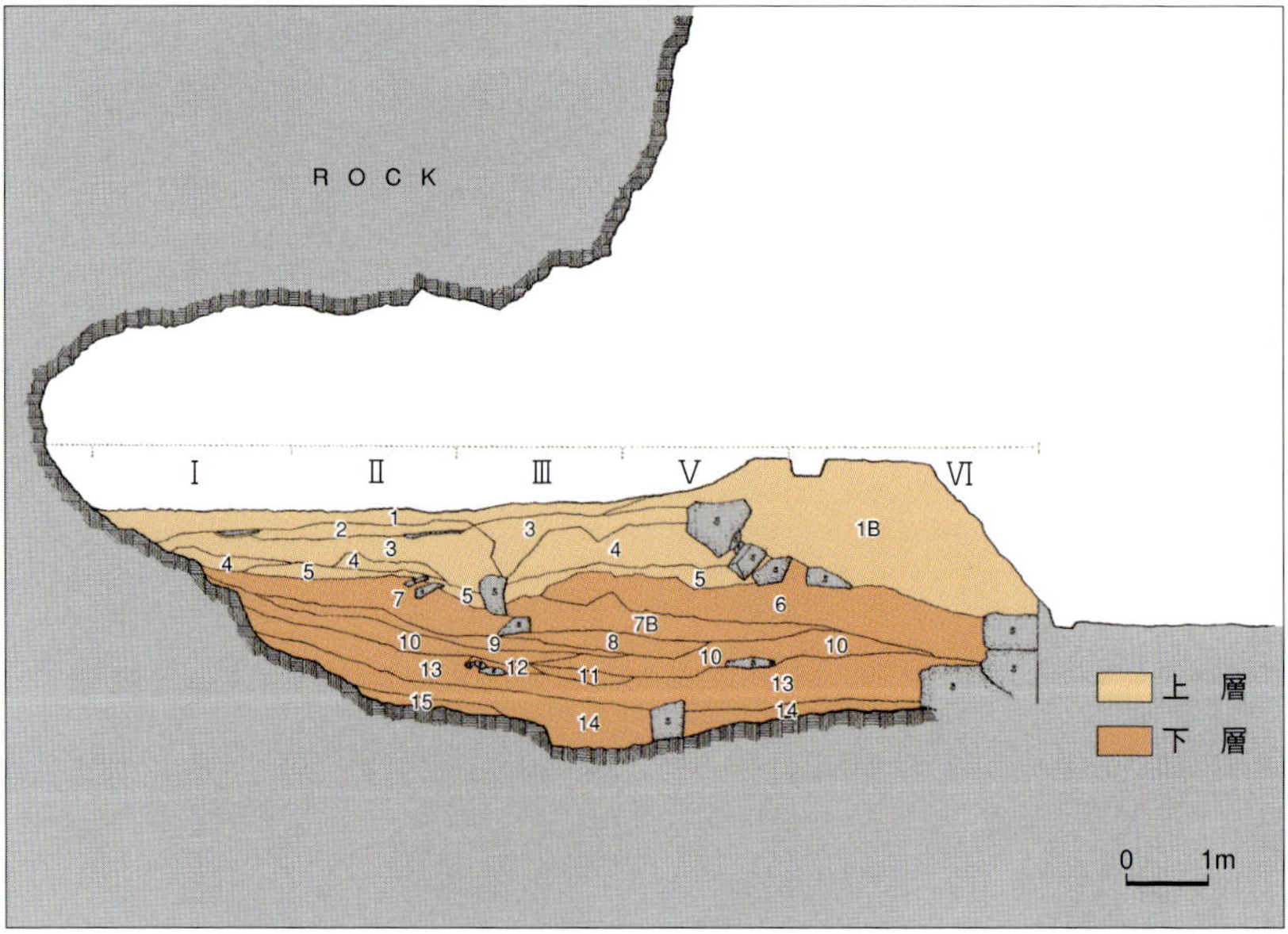

図 41 ● 室谷洞窟の平面・断面図
テラスから洞窟内部に発掘区を設定した。内部の面積は約 40m²（約 25 畳）で、堆積層の厚さは 3m におよんでいた。

第5層まで掘り下げ、当時最古といわれていた関東地方の撚糸文土器が出土した。
調査の最終日には、色調の異なるさらに下層を部分的に試掘し、洞窟内部壁面からの湧水に苦しめられながらも、第6層から第8層までの存在を確認した。そしてついに、のちに「室谷下層式」とよばれる縄文を施した簡素な土器群を発見したのである。

最下層をめざして—第二次調査—

つづく第二次の発掘調査は、一九六一年八月一七〜二四日に実施された。第一次では下層からの湧水に苦慮したために、地下水位のもっとも下がる八月後半を調査期間に選んだのであった。

洞窟の右半分に第二号トレンチ（四区画）が設定され、第一次で確認された下層部分のさらなる発掘、できるならば洞窟の底まで掘り下げることを目標に調査が始められた。しかし、洞窟内部の堆積層は崩落した岩石が多量に混じって硬くしまり、また上層から予想をはるかに超える遺物の出土も

図 42 ●室谷洞窟の発掘
上層（第３層付近）で人骨を検出している様子。
出土状況を細かく記録するため、慎重な発掘作業がおこなわれた。第１次調査の撮影。

あって、中村と調査員らの必死の努力にもかかわらず、掘り下げの作業はなかなかはかどらなかった。

第6層以下の下層部からも土器や石器類を検出しながら、調査の終盤でようやく地表面から約二メートルの深さに堆積していた第10層に到達する（図43）。色調が黄褐色に変化し、遺物もまとまって出土することから、さらに堆積層がつづくと推定されたが、時間と資金の制約もあってやむなく調査を終了した。

湧水に悩まされる—第三次調査—

一九六二年八月一七〜二六日におこなわれた第三次調査では、第一次の第一号トレンチに洞外のテラス部分の二区画を追加して、おもに第6層以下の下層を掘り下げる作業が進められた。

側壁からの湧水もひどく、泥沼のようなトレンチの底で、中村や調査員たちは苦しみながらも、「室谷下層式」の遺物をつぎつぎに発掘していった。そして、ついに最下層の第15層とその直下の洞窟の基

図 43 ● 遺物の出土状況
下層の第 10 層から出土した「室谷下層式土器」と石鏃。泥混じりの状況から、湧水の苦労がうかがわれる。第 2 次調査の撮影。

底をなす岩盤を確認して、三カ年にわたる発掘調査を終えた。調査面積は四六平方メートルであった。

洞窟内に堆積した土層は一五層におよんでいた（図41参照）。それらの色調や土質から、第2～5層の淡褐色系シルト質ローム層（上部層）、第6～9層の褐色系シルト質ローム層（中部層）、第10～15層の黄褐色系粘土質ローム層（下部層）に大別される。この区分は出土土器の時期差にほぼ対応し、第15～6層を下層（図44）、第5～1層を上層と称している。

発見された遺物（図45）は膨大で、その七割が第3層付近を中心とする上層から出土した。下層は草創期の遺物に限定される。一方、上層は第5・4層に早期前半、第3層に前期前半の遺物がややまとまっているが、とくに第3層以上は前期以降の遺物が混在していた。

以上、室谷洞窟から出土した遺物は、土器一万二〇五九点、石器・剝片類八〇六四点、骨器・獣骨類八一八六点、総計二万八三〇九点を数える（図46）。

図44 ● 下層の堆積状況
黒褐色の上層に対して、下層は黄褐色を帯びていた。多量の礫を含んでいることがわかる。第2次調査で断面の中央部分（第5層～第8層付近）を撮影したもの。

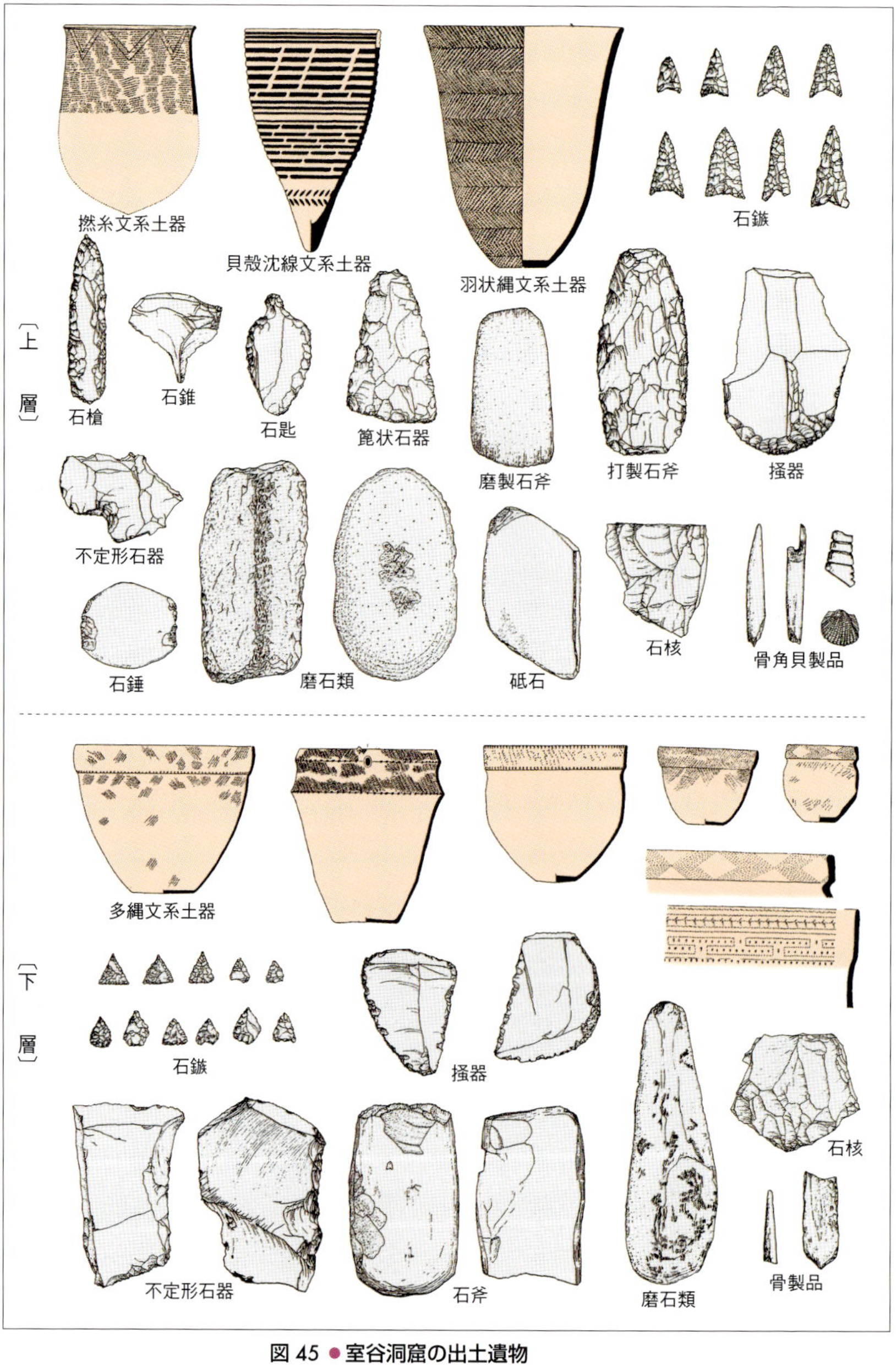

図 45 ● 室谷洞窟の出土遺物
上層と下層では遺物の内容が大きく異なる。層位学的な検出事例として貴重であり、縄文文化の変遷をよく示している。

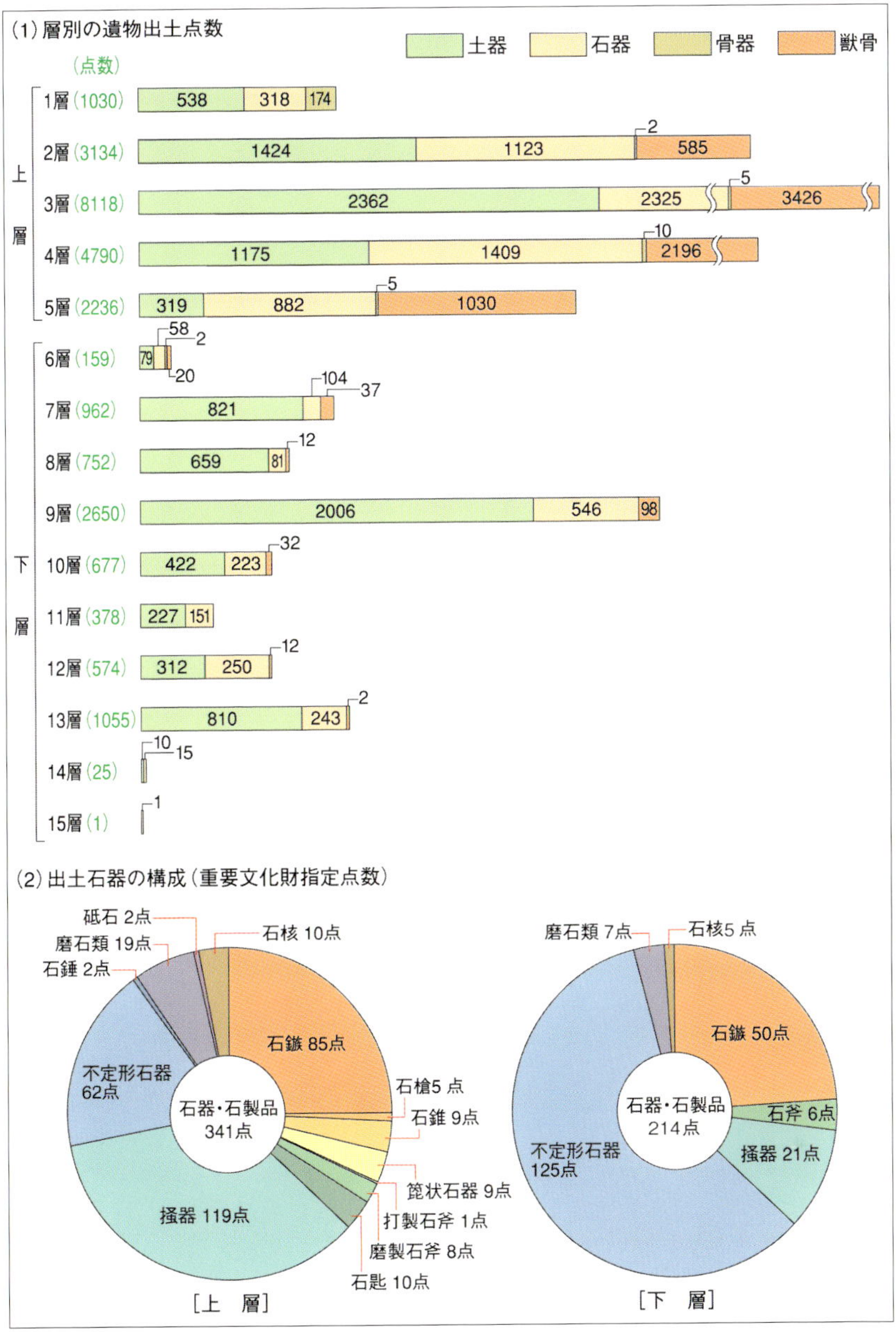

図 46 ● 出土遺物の内訳
上層の出土量が圧倒的に多い。下層では第 9 層付近にピークがある。
石器では掻器や不定形石器などの加工具の比率が高くなっている。

2 つながった縄文土器の系譜

室谷下層式土器の発見

室谷洞窟の調査は、上の層ほど新しく下の層ほど古いという層位的な検出ができたことと、それに対応して豊富な遺物が出土したことに意義がある。この多大な成果によって、土器群の変遷や洞窟の利用形態が具体的に明らかになった。

下層からは、縄文時代草創期後半の多縄文系土器群がまとまって出土した。これらの土器は「室谷下層式」とよばれることになる。大小の深鉢があり、高さと口径が二〇センチ前後の大形品と一〇センチ程度の小形品が復元されている（図47）。平底の底部は隅丸方形につくられ、注口をもつものもみられる。全般的に薄手で、その製作技法は縄文土器に一般的な輪積法ではなく、板状の粘土をパッチワークのようにつなぎ合わせたと考えられる。出土状況や文様の特徴から、つぎの新旧二つの段階に分けることができる。

古段階は第13～10層で出土した土器群である（図48上）。棒軸などに細い縄紐を巻きつけた絡条体や自縄自巻《じじょうじまき》（折り曲げた縄紐の一方を軸として他方をそれに巻きつけたもの）、縄の短い部分や環状の末端を押しつけた押圧縄文を特徴とする。口縁部の段の部分に、絡条体や自縄自巻で幾何学的な文様を表現するものが代表的である。第10層から完形の復元品二個体が出土した。

新段階は第9～6層で出土した土器群である（図48下）。古段階の特徴であった押圧縄文の手法は乏しくなり、口縁の縁と段の部分にのみ列点状に加えるだけになる。回転縄文がおもな文様となって、羽状や菱形状のモチーフが発達する。とくに「正反の合」とよばれる特異な撚り（右撚りと左撚りの縄を合わせて撚ったもの）の縄文が顕著となる。小瀬ヶ沢も同様であるが、草創期の縄文原体（縄紐）や施文方法には、それ以降の時期にくらべてかなり複雑なものが多い。第9層と第8層から完形の復元品三個体が出土した。

このように室谷洞窟の下層では、新旧二段階の多縄文系土器群が良好な状態で発見された。全国的にみても草創期の土器で全体のかたちを復元できる個体は少なく、きわめて貴重な事例である。

さまざまな系譜をもつ上層出土の土器

一方、上層からは、縄文時代早期全般と前期前半の土器が多く出土した。そのほか、縄文中～晩期の土器、弥生土器、土師器《はじき》が少量

図47 ● 復元された室谷下層式土器
第8～10層から出土。口縁部に段をつくり、外面には簡素な縄文を部分的に施す。大形品は高さ18.5～23.5cm、小形品は高さ10.5cm程度。

図 48 ● 室谷下層式土器の古段階と新段階
上：古段階（10 層出土）。左上の破片は自縄自巻（A 種）による押圧縄文。
下：新段階（7 層出土）。左側の破片が「正反の合」（直前段合撚）による羽状縄文。

あった。早期と前期の土器群は混在していたが、早期の土器は第5～3層、前期前半の土器は第3層上部にまとまっていた。

その内容をくわしくみてみると、早期初頭の撚糸文系土器（図49①②、以下丸囲み数字は同）は、撚糸文・回転縄文・無文の土器からなる。関東地方の諸型式に共通する一群もあるが、縄文を多用するなど、在地的な特徴をもつ一群を主とする。

早期前葉の押型文系土器（③）には、津南町卯ノ木遺跡に特徴的な菱目文とよばれる文様が目立つ。そのほか、山形文や東北地方に盛行する重層山形文（日計《ひばかり》式）もみられる。

早期中葉の貝殻沈線文系土器（④）は、関東地方の田戸《たど》下層式・田戸上層式、東北地方南部の常世《とこよ》式や明神裏《みょうじんうら》3式などに共通した多様な文様を施す。田戸下層式段階では、尖り底の深鉢一個体が復元されている（図50上）。

早期後葉から終末の条痕文系土器（⑤）は、粘土に多量の植物繊維を含む。関東地方の鵜ケ《うが》島台《しまだい》式・茅山《かやま》下層式・茅山上層式、東北地方の槻木《つきのき》1式・ムシリI式などに類するものがある。

前期前半の羽状縄文系土器（⑥）も、粘土に植物繊維を含む。関東地方の花積《はなづみ》下層式に相当する前期初頭の時期を中心に、後続する関山《せきやま》式や黒浜《くろはま》式、さらに東北地方南部にひろがる大木《だいぎ》式の諸型式がある。人骨とともに発見された花積下層式段階の深鉢一個体が復元されている（図50下）。そのほかに前期後半の諸磯《もろいそ》式土器や、中・後・晩期の土器片がわずかに出土した。

弥生土器は、変形工字文を特徴とする中期初頭の一群と、磨消《すりけし》縄文を施す中期前葉の一群がまとまって出土した。これらは東北地方の影響を受けたものである。また中期後葉の山草荷《やまそうか》式

①撚糸文系土器（撚糸文・縄文）

②撚糸文系土器（無文）

③押型文系土器

④貝殻沈線文系土器

⑤条痕文系土器

⑥羽状縄文系土器

図 49 ● **上層出土の土器**
出土量としては、早期の撚糸文系土器・貝殻沈線文系、前期の羽状縄文系の土器が多い。

や後期の天王山《てんのうやま》式もあり、土器の出土量は縄文時代前期後半以降のものよりも多い。平安時代を主とする土師器も出土している。糸切り手法の無台杯《むだいつき》や長胴甕《かめ》・鍋《なべ》などの器種がある。

以上のように、上層の土器には、在地の土器群のほか、東北地方や関東地方など、さまざまな地方の系譜をもつものが含まれていることがわかる。広範囲にわたる地域間の交流が活発であった様子を垣間みることができるのである。早期から前期前半にかけての土器群がまとまっており、とくに早期の撚糸文系・貝殻沈線文系土器、前期の羽状縄文系土器に良好な資料が多く、縄文土器の編年研究の基礎資料になっている。

図 50 ● 復元された上層出土の土器
上：貝殻沈線文系土器（3 層出土、高さ 30cm）。田戸下層式の影響を受けたもの。
下：羽状縄文系土器（3 ～ 2 層出土、高さ 32.5cm）。第 2 号人骨に被せてあった。

小瀬ヶ沢とのつながり

室谷洞窟の下・上層から出土した土器群の検討では、上層の第5層から当時関東地方で最古とされていた撚糸文系土器（井草式）が確認され、その下層の第6層以下から「室谷下層式」とよばれる多縄文系土器が出土したことによって、それらの土器が撚糸文系土器よりも確実に年代がさかのぼることが明らかになった。

この多縄文系土器に類似するものが小瀬ヶ沢洞窟の調査で出土していたために、隆起線文系・爪形文系土器が多縄文系土器に先行するものであることがはっきりした。室谷洞窟の土器群は小瀬ヶ沢洞窟出土の土器群に後続する草創期後半に位置づけられ、これにより草創期の土器型式の変遷を系統的にたどることができたわけだ。

小瀬ヶ沢洞窟でみられた旧石器文化の伝統と縄文文化の発現が混交する段階を経て、室谷洞窟で示された、のちの縄文文化への連続性が明らかな段階への変遷、すなわち旧石器文化から

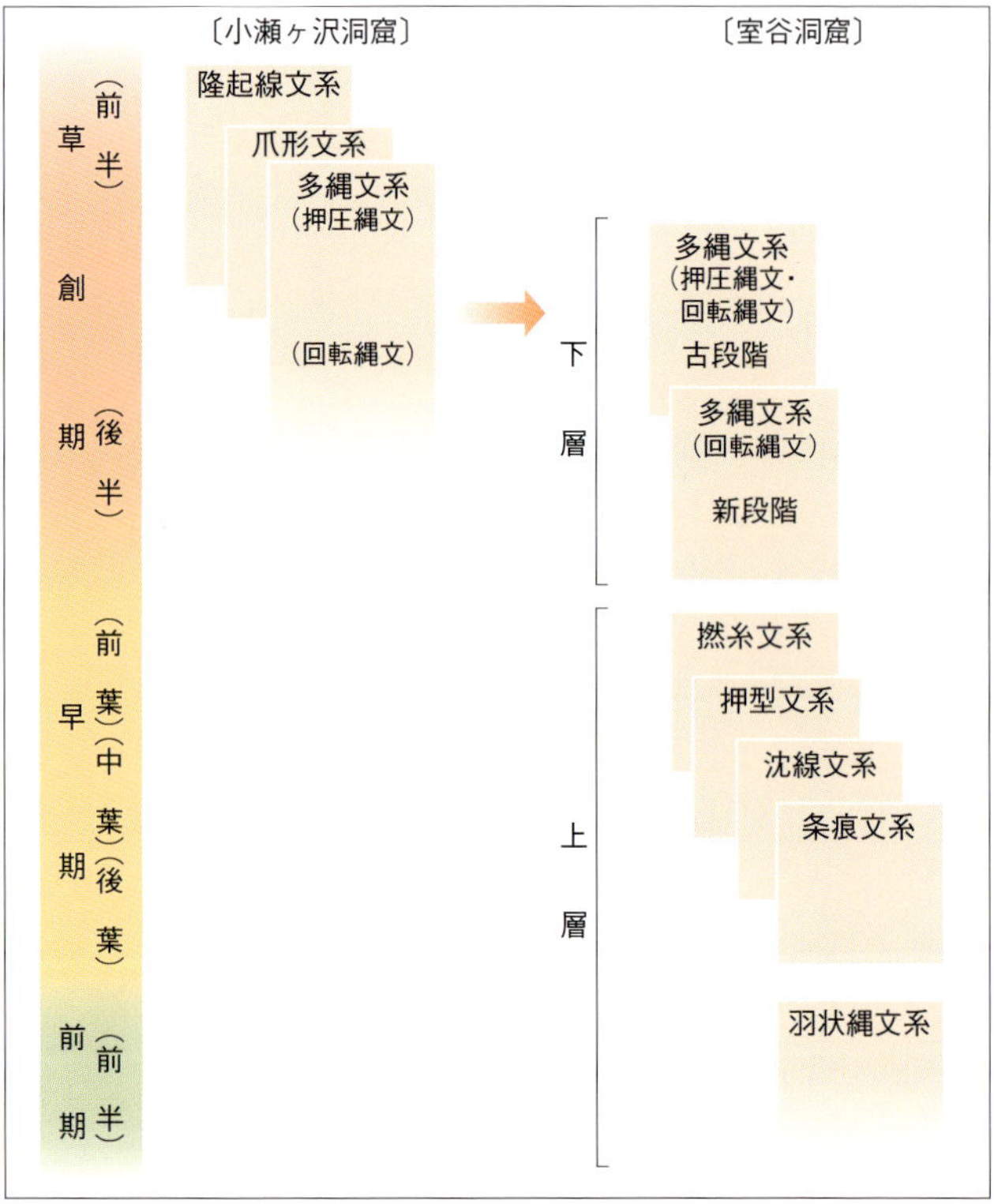

図51 ●小瀬ヶ沢から室谷への変遷
室谷洞窟での層位学的な検出と多縄文系土器の型式学的な検討が両洞窟をつなぎ、小瀬ヶ沢洞窟の古さが実証された。

縄文文化への変革の過程が、二つの洞窟の発掘成果が結びつくことによってはじめて具体的にとらえることができるようになったのである（図51）。

3　縄文的な石器への転換

消えた尖頭器

下層から出土する石器は、尖頭器など小瀬ヶ沢洞窟に特徴的な種類は姿を消し、狩猟具の石鏃、加工具である掻器・不定形石器・石斧を主とする単純な構成になっている（図46(2)参照）。石鏃（図52）は平基無茎の形態がほとんどで、わずかに凹基無茎や平基有茎のものがある。小瀬ヶ沢にくらべて著しく小形化する。石材は黒曜石と珪質（緑色）凝灰岩が多い。石斧（図53）は楕円状または板状の礫に部分的な研磨を加えたものである。石材は緑色凝灰岩に限られる。掻器（図54）は、縦長の剥片を素材として、周縁を加工して明瞭な刃をつくり出す。円弧状の刃をもつエンド・スクレーパーのような定形的なものは少なく、多様な形態が認められる。石材は頁岩を主とする。不定形石器（図55）は、かたちの整っていない剥片の周縁の一部に、こまかな加工痕や剥離痕があるもの。石材は珪質（緑色）凝灰岩や頁岩が多い。磨石類は、円礫または角礫の表面に研磨痕や敲打痕を残すもので、石材は凝灰岩と砂岩である。

石器を製作する際に生じた剥片・砕片・礫片の類は、地元産の珪質凝灰岩や緑色凝灰岩を主とし、そのほか、頁岩・凝灰岩・玉髄・鉄石英などを用いている。剥片を打ち欠いた石核は、剥片にくらべて少ない。このように下層の石器群は草創期後半における石器組成の特徴をよくあらわしている。小瀬ヶ沢洞窟の石器群と比較して明らかなように、尖頭器類がまったく姿を消し、石鏃や掻器など限られた種類に変わる。

このような劇的な転換は、草創期遺跡が集中する信濃川上流域でも認められ、転換を促すよ

図 52 ● 下層出土の石鏃
主に左側が黒曜石、右側が珪質（緑色）凝灰岩。これで役に立つのかと思うほど小形である。上段左端：長さ 1.3cm。

図 53 ● 下層出土の石斧
稜線が不明瞭で整然としない形態である。緑色の凝灰岩は主要な在地の石材で、石器製作によく用いられている。上段右端：長さ 9.9cm。

うな遺跡をとりまく自然環境の変化、これに適応した生活様式の変化を反映したものであろう。

上層の多様な石器類

上層からは、石鏃や掻器のほか、縄文時代早期以降に特徴的な種類が出土している。混在し

図54 ● 下層出土の掻器
掻器のほか、削器も含むスクレイパー類。小瀬ヶ沢洞窟にくらべて不整形なものが多い。上段左端：長さ7cm。

図55 ● 下層出土の不定形石器
石片のようにみえるが、周辺部にこまかな剥離を加えた痕跡や、使用により生じたとみられる刃こぼれが観察される。上段左端：長さ7.2cm。

た土器の出土状況から厳密な時期を明らかにすることは難しい。

狩猟用の石器には、石鏃と石槍がある。石鏃（図56①、以下丸囲み数字は同）は下層に比較して大形となり、形態も多様である。第5・4層出土のものは凹基無茎の形態が目立つ。石材には頁岩・緑色凝灰岩・流紋岩・鉄石英などがみられる。石槍（②）は周縁を粗く加工した木葉形で、頁岩・流紋岩・鉄石英を用いている。そのほか、漁撈にかかわる石器に、砂岩と安山岩の円礫の両端を粗く打ち欠いた石錘《せきすい》（⑥）がある。

ものを切ったり削ったりする加工具には、さまざまな種類がみられる。剥片の一部に錐部をつくり出した石錐（②）は穴をあける道具で、石材は頁岩を主とする。剥片の周縁を加工して刃部をつくる掻器には、刃部を半円弧状に整えたものが目立つ。また、つまみ部をもつ石匙（③）は、縦長の形態が主流である。刃部が「く」の字状に屈曲する特徴的な形態は、前期前半に位置づけられる。掻器や石匙は現代のナイフのような機能をもつ。いずれも石材は頁岩や緑色凝灰岩などを用いている。

かたちが整っていない剥片を素材とした不定形石器は、周縁の一部に微細な加工痕や剥離痕がみられるもので、石材は頁岩・緑色凝灰岩が多い。篦《へら》状石器（④）は、篦のような形状の石器で、石篦《いしべら》ともよばれる。東北地方南部では早期後半に顕著である。石材は頁岩・鉄石英・凝灰岩など。不定形石器や篦状石器も掻器に近い用途が考えられる。

打製石斧（④）は凝灰岩製で短冊形の形態を呈すものが一点ある。木材の伐採や加工に用いた磨製石斧（⑤）は刃部または基部を欠損するものが多い。斜刃状の形態や擦切《すりきり》加工の痕跡を

①石鏃

②石槍・石錐

③石匙

④箆状石器・打製石斧（下段右端のみ打製石斧）

⑤磨製石斧

⑥石錘・砥石

図 56 ● 上層出土の石器類

早・前期の縄文人の道具箱。当時の種類がバランスよく装備されている。

各上段左端の長さ、① 4.2cm、② 4.4cm、③ 8.4cm、④ 9.6cm、⑤ 10cm、⑥ 7.3cm。

残すものもあり早・前期の特色を示す。石材は頁岩・砂岩のほか蛇紋岩《じゃもんがん》なども使用している。そのほか板状の砂岩を素材とした砥石（⑥）があり、磨製石斧の擦切用に使用したものと考えられる。

調理具としては、円礫または角礫の表面に研磨痕や敲打痕を残す磨石類がある。中央に二個一対のくぼみを残す凹石《くぼみいし》、断面が三角形を呈する特殊磨石も含む。石材は砂岩・安山岩・凝灰岩。その他、儀礼的な性格を帯びる遺物として、玦状耳飾《けつじょうみみかざり》と異形《いけい》石鏃が各一点ある。とくに玦状耳飾は遺体の埋葬にともなうものかもしれない。

石器を製作する際に生じた剝片・砕片・礫片の類は、頁岩・緑色凝灰岩が多く、そのほかに凝灰岩・流紋岩・鉄石英・玉髄などがみられる。剝片を打ち剝ぐ石核は、多量の剝片にくらべて著しく点数が少ない。以上、上層の石器群は石鏃や掻器が主ではあるが、石槍・石錐・箆状石器・磨製石斧などの種類も加わり、下層にくらべて多様な構成になる。

4　骨角器類と多量の獣骨類

下層出土の骨製品と獣骨類

下層の骨製品は、第6層から二点出土したのみで、上層に比較して出土数は少ない。部分的に磨かれた器種不明の未製品と骨針《こっしん》である（図57）。

獣骨類は、下層のうち第10〜6層で二一三点が出土した。下層で同定された動物種には、ツキノワグマ、ノウサギ、カモシカ、シカ、ムササビ、サルなどがある。小瀬ヶ沢洞窟と同様、ツキノワグマやカモシカなどが多く、山岳地帯で狩猟対象になった動物相をよく示している。その九割以上が焼けた骨で、灰白色化した骨片も多くみられた。上層にくらべ出土点数が少ないのは、雨水が浸透するなどして堆積の環境が異なり、有機質が残りにくいのであろう。

上層出土の骨角貝製品と獣骨類

上層から出土した獣の骨や角、貝でつくられた製品は二三点ある。その多くは欠損しており、種類がはっきりしないものもあるが、刺突具《しとつぐ》や骨針の類が多いようだ。骨針などは表面をていねいに磨いて仕上げている。その他、線刻などを加えた装飾品の一部や、殻頂部に孔をあけた貝器も含まれていた。

獣骨類（図58）は七四四一点にのぼり、第4・3層を中心として多量に出土した。頭蓋骨、歯、顎骨、四肢骨、指骨などがあり、長さ五センチ程度の骨片も多

図 57 ●出土した骨角器類（上層・下層出土）
上段左から5番目と上段右端が下層、その他は上層出土。新潟県内では佐渡島を除いてほとんど貝塚がなく、骨角器類は貴重な存在である。下段左端：長さ 9.2cm。

くみられ保存状態は良好であった。焼骨は全体の一〜二割程度で、生の骨が意図的に割られたことを示す割れ口が螺旋《らせん》状の破片も多い。これは狩猟した獲物の解体をおこない、その一部を調理して骨髄までとり出していたことを意味している。

上層の哺乳類には、ツキノワグマ、ノウサギ、カモシカ、シカ、アナグマ、タヌキ、ムササビ、サル、イノシシ、カワウソ、テンなどがある。とくにツキノワグマ、ノウサギ、カモシカ、シカが多い。下層にくらべて種類も多くなり、カモシカやシカがふえる傾向を示す。鳥類ではキジが認められる。また、貝類には、カワシンジュガイ、カラスガイ、シジミ類など淡水貝類を中心に七種類が含まれていた。そのうち、ヘソアキクボガイとアサリは海産の貝類で、その他に汽水産の可能性をもつシジミ類もある。なお、発掘直後におこなわれた分析では、貝類のアワビ、ヌマガイ、イシガイ、マイマイ類、甲殻類のモクズガニ、鳥類のカモ、哺乳類のイタチなども同定されている。なお、上層を含むすべての資料に、骨となった後に割れた痕跡をもつものが多くみられることから、遺物の包含層がヒトの営為によって攪乱された可能性が高い。

図 58 ● 出土した獣骨類（上層出土）
ノウサギ、タヌキ、アナグマ、カモシカ、ツキノワグマ。上層下層ともツキノワグマがもっとも多く、カモシカ、ノウサギがそれにつぐ。

骨角器類は、貝塚の少ない日本海側では稀少な遺物であり、石器以外に骨角器もさかんに製作していたことがわかる。刺突具の類は、狩猟のほか、河川漁撈にも用いていたであろう。獣骨片も多量に出土しており、山岳地帯の環境に適応した活発な狩猟活動がうかがわれる一方で、海産の貝類は遠く離れた海岸地域との交流を物語る。

洞窟に埋葬された遺体

上層の第3層を中心に人骨が出土し、計七体が識別された。第3層上部で発見された第二号人骨は（図59）、壮年期または熟年期の女性とみられるほぼ一体分である。遺体の周囲には楕円形状に礫がめぐり、左側を下にして膝を折り曲げた屈葬《くっそう》の状態で発見され、右肩部分は深鉢一個体の破片に覆われていた。この土器（図50下参照）は縄文時代前期初頭の羽状縄文系土器で、埋葬する際に遺体に供えられたのであろう。推定身長は約一四七センチ。骨には激しい労働の痕跡が残されていた。その他の人骨は部分的な破片であった。それらのうち一部は第二号人骨より下層で検出されており、縄文早期にさかのぼる可能性もある。このように、出土した複数の人骨は縄文時代早・前期に埋葬されたものであり、新潟県内最古の資料として貴重である。

図59 ● **第2号人骨の出土状況**
第1次発掘調査で、第2層付近から姿をあらわしはじめた頭蓋骨。

5　多様な洞窟の利用形態

時代や時期による利用形態のちがい

室谷洞窟から出土した遺物の様相は、縄文時代初頭から弥生時代を経て平安時代に至るまで、長期間にわたる洞窟利用を反映している。その洞窟内の面積は約四〇平方メートルで、一〇〇平方メートルを超える山形県日向洞窟や長崎県泉福寺《せんぷくじ》洞窟などにくらべれば狭いものの、小瀬ヶ沢洞窟よりは大きく、全国的には中規模程度の広さであろう。

発掘区ごとの土器の出土点数（図60）をみると、上層では洞窟内部（Ⅰ〜Ⅳ区）を中心にテラス側（Ⅴ・Ⅵ区）にもややひろがっている。下層は洞窟内部でも開口部に近いⅢ・Ⅳ区にやや偏った分布を示す。一方、堆積層では上層の第3層、下層の第7・9・13層に出土量のピークが認められ、とくに下層では第9層が顕著である。このような出土の傾向は、時代や時期による利用形態のちがいを示唆していると思われる。

住まい・ベースキャンプ・墓地

下層にあたる草創期の段階では、土器の編年区分と対応した遺物量の変化を示し、相対的に石器が少ない状況から、洞窟内での安定した生活が推測される。おそらく通年に近いかたちで住まいとして利用していたのではないか。つづく上層の早期から前期前半の段階は、獣骨片が激増して埋葬された人骨もともなうことから、利用頻度の高い狩猟あるいは採集活動用のベースキャンプとなり、さらには墓地としても使用されたと考えられる。獣骨のほとんどは骨髄をとり出すため割られ、狩の獲物の一部を洞窟内で処理していたことがわかる。焼土や灰層が混在しながら、かなりの攪乱を受けていた状況は、頻繁な利用と複雑な堆積の過程を示している。

その後の前期後半以降は遺物量も少なく、狩などの途中で立ち寄る一時的なキャンプ地として、断続的に用いられていたのであろう。全国的にみると、縄文時代前期ごろに洞窟利用の画期が見出されており、世帯的な単位から集団での利用に変化するようだ。室谷洞窟では、草創期、早期~前期前半、前期後半以降のそれぞれの時期で遺跡としての性格、利用のされ方は大きく異なっていたと考えられる。

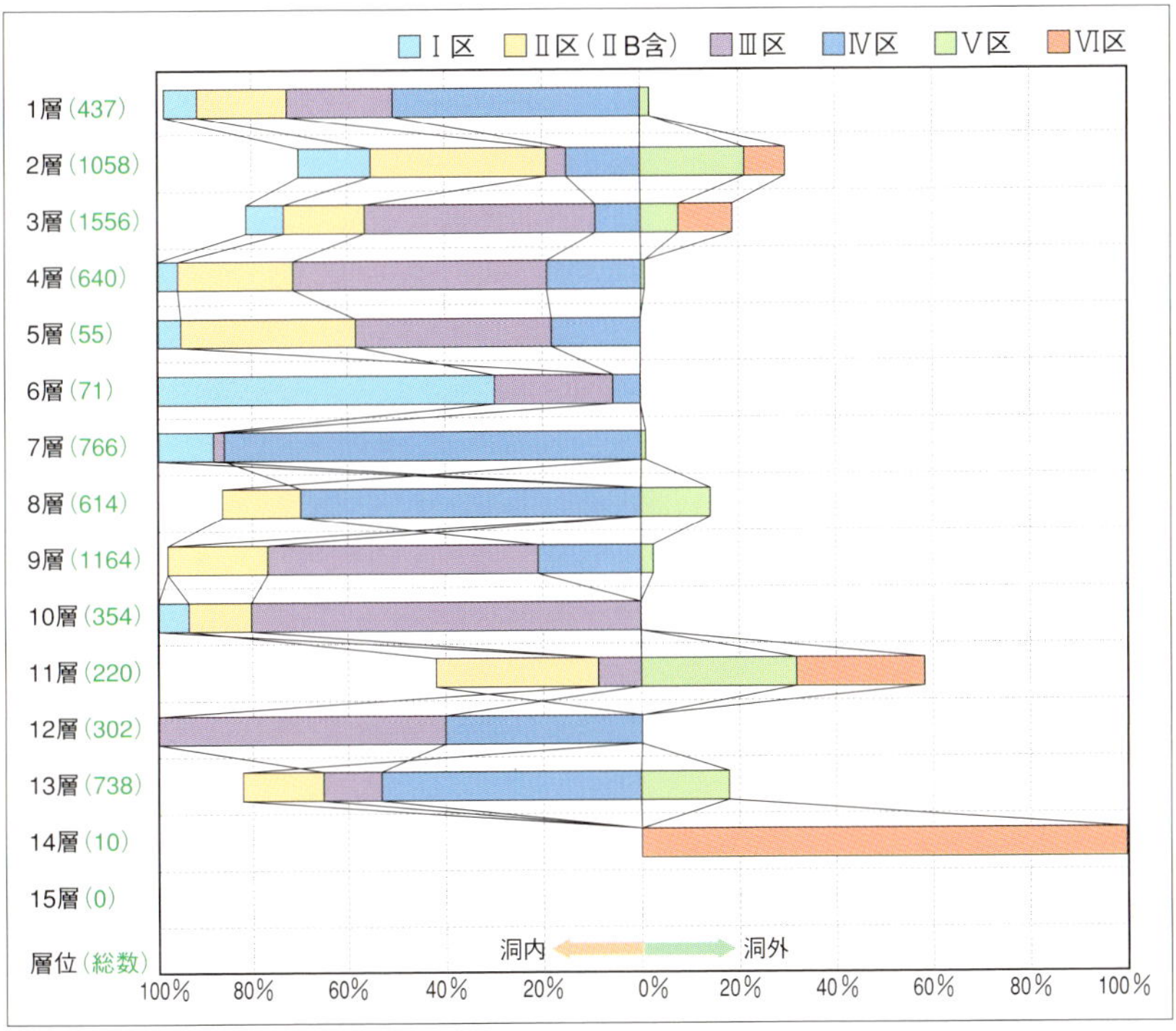

図 60 ● 層ごとの土器の発掘区別点数と構成比
土器の出土量は層により変動があり、出土区にもバラツキがみられる。これは同じ洞窟でも時期によって利用場所が異なっていたことを示すものであろう。

第4章　縄文文化の起源をさぐる

1　草創期の多様性と地域性

「草創期」の設定

小瀬ヶ沢洞窟の発掘報告書は一九六〇年に、また室谷洞窟は一九六四年に刊行された。二遺跡の発掘成果によって、何が明らかになり、何が変わったのか。本章では、小瀬ヶ沢洞窟と室谷洞窟がその後の縄文文化の起源にかかわる研究に果たした役割をみていこう。

洞窟調査の先駆けとなった小瀬ヶ沢・室谷洞窟の発掘は、考古学界に大きな衝撃を与えた。この二遺跡の調査に前後して、一九五〇年代後半に山形県日向洞窟、長崎県の福井洞穴、埼玉県の橋立《はしだて》岩陰など、いくつかの洞窟・岩陰遺跡で縄文時代最古の遺物の発見が相次いだ。これを受けて日本考古学協会は一九六二年に、八幡一郎を委員長とする「洞穴遺跡調査特別委員会」を発足させ、その後三年間にわたって、全国各地の洞窟遺跡の組織的な調査をおこなった。

こうした発掘調査と並行して山内清男は、従来の縄文時代早期を区分して、新たに「草創期」を設定した(図61)。それまで最古の土器群として、押型文土器などの「縄紋のまれな型式群」と、それ以前の「縄紋の多い型式群」である撚糸文土器が発見されていたが、山内みずからがかかわっていた日向洞窟、本ノ木遺跡、そして小瀬ヶ沢・室谷洞窟の発掘資料を根拠に、撚糸文土器をさらにさかのぼる古い土器型式の存在が明らかになったとして、草創期と早期の境界を撚糸文土器

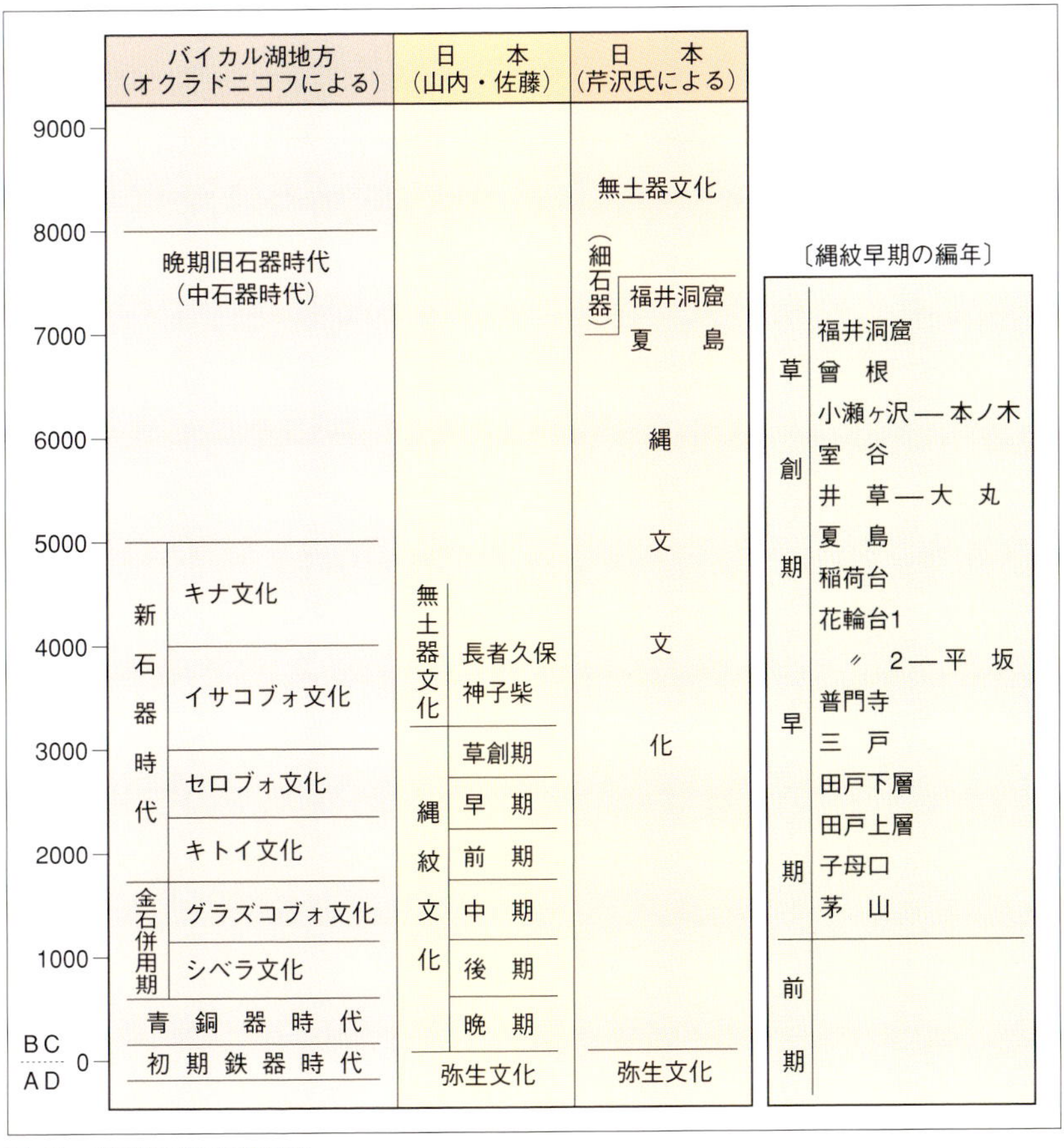

図61 ● 縄文時代の時代区分
山内清男・佐藤達夫共著で『科学読売』第14巻第12号に発表された年代表。それまで縄文時代は早期～晩期の5期に区分されていたが、新たに「草創期」が加えられた。

と押型文土器の間においた。これは夏島貝塚の放射性炭素（C14）年代測定結果（紀元前約七五〇〇〇年）に対する批判を主眼として発表された論考であるが、「草創期」の設定には小瀬ヶ沢・室谷洞窟の成果が重要視されていたことがよくわかる。

また山内は、大陸から渡来したと考えられる石器の好例として、日向洞窟、本ノ木遺跡、小瀬ヶ沢洞窟で出土した「植刃」と「断面三角形の錐」をあげた。そのほか、「半月形のナイフ」や「基部に茎のある比較的大形の鏃」などもその候補とした。山内は、この種の石器はロシアなどの大陸方面に類例があり、年代的には紀元前三〇〇〇年代に相当する「渡来石器」と考えた。これもまた夏島貝塚のC14年代を否定する根拠とした。さらに青森県長者久保《ちょうじゃくぼ》遺跡と長野県神子柴遺跡の石器群を草創期以前の「無土器文化」の所産とし、大陸方面との比較により、その年代を紀元前四〇〇〇年前後に位置づけた。山内のこの見解は、「短期編年」とよばれる。

「草創期」の土器編年

山内が「草創期」を提唱した六二年、國學院大學の小林達雄は、縄文時代初頭の土器群について、その序列を初めて明らかにした。層位学的な出土状況にもとづいて、縄文早期をⅠ期（隆線文）、Ⅱ期（押圧施文）、Ⅲ～Ⅴ期（回転施文）に大別し、隆起線文から爪形文、さらに押圧縄文を経て回転縄文にいたる変遷を示した。ここに縄文時代初頭の土器群の序列の大きな枠組みが確立し、以後この編年観が学界の主流となった。なお、後年に示された小林の「草創期」は、山内と異なり、室谷洞窟下層出土の回転縄文までを草創期の範疇として、撚糸文土器以降を早期に区分することになる。

このように草創期の編年が確立していくなかで、小瀬ヶ沢・室谷洞窟出土の土器群は中部地方の標識資料として位置づけられた。とくに小瀬ヶ沢の遺物については、土器の編年研究にとどまらず、神子柴型石斧や有舌尖頭器など、特徴的な石器に関する研究でも主要な類型としてとり上げられた。

資料の蓄積

その後も縄文時代草創期に関連する資料はさらにふえ、多様性と地域性がしだいに明らかになっていった。一九六五年には、新潟県内の田沢《たざわ》遺跡・中林《なかばやし》遺跡、栃木県大谷寺《おおやじ》洞窟、長野県栃原《とちはら》岩陰などの発掘調査があり、また七〇年には長崎県泉福寺洞窟で隆起線文土器とともに新たな豆粒文《とうりゅうもん》土器の存在が確認された。

一九七〇年代後半に入ると、多縄文系土器が層位的に検出された福井県鳥浜《とりはま》貝塚、長者久保文化の石器群と無文土器が発見された青森県大平山元《おおだいやまもと》Ⅰ遺跡、円孔文土器群がはじめて確認された新潟県壬遺跡、室谷に類似する多縄文系土器が出土した静岡県仲道《なかみち》Ａ遺跡など、学史に残る遺跡の発掘がおこなわれ、資料の蓄積がはかられた。

一方、東京大学の佐藤達夫は、一九七一年に新たな編年案を発表する。この編年案は、小瀬ヶ沢洞窟出土の土器から「窩紋《かもん》」・「篦紋」と称する文様の土器を抽出して、その類例を沿海州や朝鮮の遺跡に求め、縄文土器最古の段階に位置づけるとともに、従来の隆起線文土器と爪形文土器の編年的位置をも逆転させたのである。小瀬ヶ沢の「窩紋・篦紋土器」は、縄文土器の起源を考えるうえで、あらためて注目されることになった。隆起線文土器の出土した層と爪形文土器の出土した層の上下の状況を無視したこの異論に対しては当然批判が寄せられ、認知されることはなかったが、隆起線文と多縄文との間に爪形文が介在しがたいことや、爪形文土器の単独段階説に対する再考にもつながった。

編年と地域性の解明に向けて

一九八六年、埼玉県考古学会は草創期のシンポジウムで、埼玉県宮林《みやばやし》遺跡の住居跡からまとまって出土した土器をもとに、爪形文と押圧縄文（多縄文）が併存することを提起した。従来の隆起線文→爪形文→押圧縄文→回転縄文という、一系列的な編年観に見直しを迫るものであった。この画期的な議論のなかでも、小瀬ヶ沢・室谷の資料は編年の基軸となる主要資料として鍵を握っていた。また同年には、栗島義明《くりしまよしあき》が「渡来石器」をとり上げて研究史を総括するとともに、小瀬ヶ沢や本ノ木の尖頭器などの分析をとおして、編年や分布の検討をおこない、その意義を再考している。

一九七〇年代後半から八〇年代にかけて、茨城県後野《うしろの》遺跡、青森県大平山元I遺跡、神奈川県寺尾《てらお》遺跡、上野《かみの》遺跡第1地点、相模野《さがみの》No.一四七遺跡など、いわゆる神子柴・長者久保系石器群や、細石刃石器群にともなう無文や刺突文の土器が発見された。これらの出土量はわずかで、全体のかたちや文様構成をとらえにくいが、それまで最古とされていた隆起線文土器以前にさかのぼる土器群の存在が確実になった。

その刺突文の土器に関連してふたたびクローズアップされたのが、小瀬ヶ沢洞窟の「窩紋土器」である。一九九〇年、東京大学の大塚達朗は、佐藤達夫の「窩紋土器」をヒントに、隆起線文以前の土器は肥厚《ひこう》系口縁部土器群としてまとめ、斜格子目紋《しゃこうしめもん》土器から窩紋土器を経て隆起線文土器につながっていくとの考えを示した。一方、一九九〇年代に入ると、南九州では鹿児島県の掃除山《そうじやま》遺跡や栫ノ原《かこいのはら》遺跡など、独特の隆帯文《りゅうたいもん》土器群や丸ノミ形石斧をともなう遺跡が発見されはじめ、地域色の濃い新たな草創期文化のひろがりが明らかになりつつあった。

2　広域にわたる移動と交流

出土遺物の再検討

一九九三年、日本考古学協会は、環日本海地域の土器出現期（草創期）をテーマとするシンポジウムを新潟で開催し、ロシアや中国での最新の研究成果を交えて活発な論議がおこなわれた。新潟大学の小野昭《あきら》や筆者を含む地元の研究者らは、小瀬ヶ沢洞窟の出土品を再整理し、種別ごとに検討を加えた成果をまとめた。中村孝三郎が報告したのち、はじめて実施された詳細な整理作業であり、これまで未発表であった資料を含めて、多くの遺物が研究対象として、あらためて提示されることになった。

その一例として、丑野《うしの》毅《つよし》がおこなったレプリカ法による文様分析の導入がある。これは土器表面の文様を印象材で型をとり、走査型電子顕微鏡で文様を観察するもので、きわめて高倍率のため、どのような施文具を使ったか、またどのように施文したか、はっきりととらえることができるものである。先に話題になっていた「窩紋土器」もその分析対象とし、縄の先端部を圧痕したものであることを明らかにし、押圧縄文土器の一種であることを再確認したのである。

一方、室谷洞窟のある神谷地域では常浪川ダム建設の話がもちあがり、鍵取・室谷の集落移転が始まるなか、神谷地域を対象に学術総合調査が実施されることになった。その一環として、國學院大學の谷口康浩《やすひろ》らが長岡市立科学博物館の協力を得て土器群の整理作業をおこない、一九九六年に成果がまとめられた。これによって、中村の発掘報告書には小さな写真図版でしか掲載していなかった多数の土器の実測図が提示された。これまで研究者からその図化が渇望されていたものである。とくに下層の草創期土器群（室谷I群土器）については詳細な検討をおこない、第13～10層の古段階と第9～6層の新段階に区分するなどして、「室谷下層式」の全容を明らかにした。

草創期のなかで重要な位置を占める小瀬ヶ沢・室谷の出土遺物を対象にしたこの二つの再検討は、資料の学術的価値をさらに高め、その後の研究に大きく寄与するものとなった。なお、本書第2章と第3章での遺物の記述は、これらの成果にもとづくものである。

北海道産と伊豆神津島産の黒曜石

二〇〇〇年六月、小瀬ヶ沢洞窟の主要な出土品が重要文化財に指定された。この重要文化財の指定に向けた整理作業の過程で、小瀬ヶ沢の膨大な石器類のなかに、赤い脈の入った黒曜石の微細な破片がみつかった。

その特徴は北海道産の黒曜石にとてもよく似ていたこともあって、近年分析が蓄積された黒曜石の産地同定を京都大学原子炉研究所の藁科《わらしな》哲男に依頼した。分析の方法は資料を傷めることなく、蛍光X線をあてて元素の組成を調べ、統計処理によって確率的に産地を判定するものである。分析の対象には、小瀬ヶ沢の黒曜石とともに室谷の下層から出土した黒曜石を加えた。

分析の結果は驚くべきものであった。小瀬ヶ沢の黒曜石一一点のうち、四点が北海道産と判定されたのである（図62）。さらに室谷下層の黒曜石については、分析対象二〇点のうち、半数の一〇点が伊豆諸島の神津島《こうづしま》産で、そのほかに青森県産（深浦《ふかうら》）・長野県産（霧ヶ峰《きりがみね》）・栃木県産（高原山《たかはらやま》）の黒曜石も含まれていた。新潟県内の縄文時代の遺跡では、長野県産や県内の新発田《しばた》市板山《いたやま》産の黒曜石などが主流であり、北海道や神津島の産地と判定されたのは草創期の遺跡では初めての事例となった。

北海道の産地は紋別《もんべつ》郡白滝《しらたき》村（現遠軽《えんがる》町）と常呂《ところ》郡置戸《おけと》町にあって直線距離で約七五〇キロ、神津島（東京都神津島村）の産地とは約四〇〇キロも離れている。小瀬ヶ沢洞窟の場合、黒曜石は石鏃に限って使われており、遺跡にもち込まれた量も大きさも全体としてみればごくわずかである。それにもかかわらず遠く離れた地域の石材をどうして手に入れたのか。北方からいくつかの集団を介して伝わってきたのか、人びとが直接移動しているのか、石器の特殊性とともに謎は深まるばかりである。近年では、白滝の原産地にある白滝遺跡群で発掘がおこなわれ、

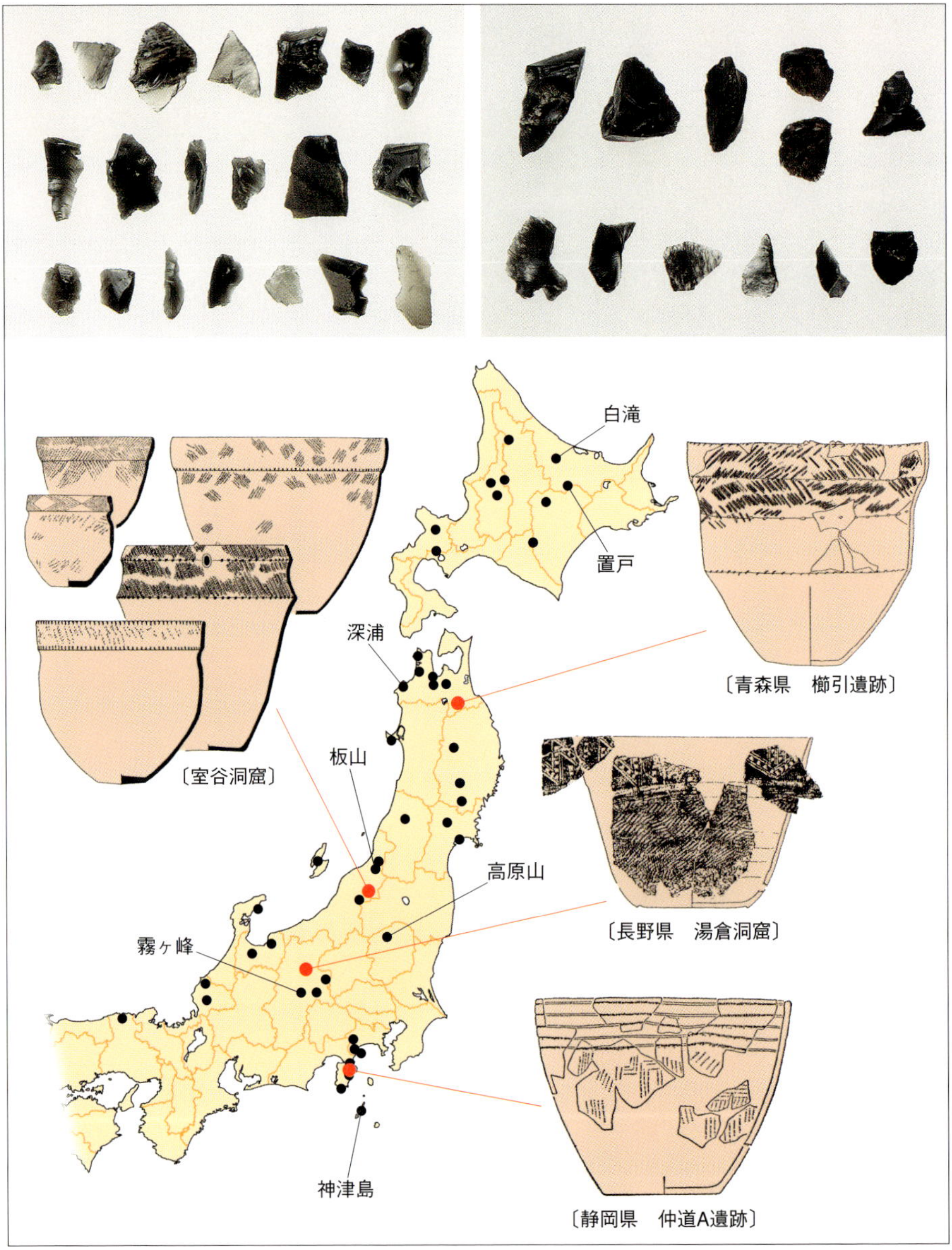

図 62 ● 小瀬ヶ沢・室谷洞窟の黒曜石原産地と室谷下層式の類例
写真は小瀬ヶ沢（右）と室谷（左）から出土した分析対象の黒曜石。地図の黒丸は黒曜石の原産地を示す。土器の図は室谷下層式のおもな類例で、中部地方を中心に東日本各地で発見されている。

その一部の出土遺物と小瀬ヶ沢の石器群との類似性も指摘されている。

一方、室谷洞窟の多縄文系土器は、中部地方を中心に本州東部にひろがりをみせている。静岡県の仲道A遺跡や青森県の櫛引《くしびき》遺跡などに類例があって、それらの地域と交流があったとしても不思議ではない。伊豆半島周辺は旧石器時代から神津島産の黒曜石がさかんに使用されてきた地域であり、その一部が長野県方面を経由して、新潟県地方にもたらされたのではないか。新たな分析をとおして、これまでのわれわれの想像をはるかに超えた広域にわたる移動や交流が浮かび上がりつつある。

3　草創期研究のゆくえ

草創期の年代を求めて

黒曜石の産地同定をおこなっていたころ、放射性炭素法でも微量の炭素で測定可能な加速器質量分析（AMS）法とよばれる新しい方法が開発され、さらにその値を暦年代に補正する手法（暦年較正）が登場して高精度化が進んでいた。青森県大平山元Ⅰ遺跡の再調査で、縄文時代の開始年代が約一万六〇〇〇年にさかのぼることが大きく報道され、話題になった。

そのこともあって、室谷洞窟の獣骨の再鑑定をお願いしていた国立歴史民俗博物館の西本豊弘《とよひろ》を通じて、同博物館の今村峯雄《みねお》研究室に、小瀬ヶ沢や室谷の土器に残るススやタール状の付着物の年代測定を依頼した。結果はススの付着量が少なすぎたり、炭素と思っていたものが洞窟内の堆積によって遺物に付着したマンガンであったりして、残念ながら結果を得ることができなかった。

しかし、近年の研究における同時期の遺跡の年代に照らし合わせれば、小瀬ヶ沢で最古の段階にあたる隆起線文系土器群は約一万三〇〇〇~二〇〇〇年前、室谷下層式に代表される多縄文系土器群では約一万年前にさかのぼるC14年代値を示している。これを暦年較正(年代値にcal BPをつけて表記)すると、前者は約一万五〇〇〇年前、後者は約一万二〇〇〇年前となる。

研究の課題と展望

このような新たな年代の基準を確立することは、汎世界的な環境史との対応関係を検討するために重要なことである。更新世《こうしんせい》の冷涼な気候のもとで日本列島に土器が出現したことが明らかになり、後氷期の温暖化にともなって土器が登場したという、これまでの環境変化に適応した技術革新としての見方が成り立たなくなった。また、草創期に相当する期間は四〇〇〇年間以上におよぶもので、短期間に遺物が目まぐるしく変わるのではなく、年代的にかなり長い期間での変遷であったと考える必要が出てきたのである。

さらには、大陸のロシアや中国でも一万年前を超える古い年代の土器の発見が相次いで報告され、日本列島の範囲だけの議論ではおさまらなくなっている。それらの研究成果によって、縄文文化の起源論に時間的・空間的なゆらぎが生じており、草創期の位置づけ、さらには縄文時代の枠組み自体を再考する必要性が指摘されている。

旧石器時代から縄文時代へ、その移行期としての草創期の研究については、大陸からの伝播や系統にこだわるのではなく、東アジア全体のなかでとらえていく方向が説かれているが、まさにそのとおりである。そのためには、まず遺跡の分布する河川流域など小地域内の様相をしっかり分析したうえで、日本列島のなかで地域ごとの展開や関連を明らかにしなければならない。小瀬ヶ沢洞窟と室谷洞窟の発掘成果は、マクロからミクロのレベルまで、いずれの研究段階でも基準資料として活用されつづけるであろう。

現在、新潟県内で発見された縄文時代草創期の遺跡は一五〇カ所を超えている。とくに信濃川上流域では、津南町卯ノ木南遺跡や中里村《なかざと》（現十日町市）久保寺南《くぼでらみなみ》遺跡などで新たな発掘の蓄積があり、二〇〇六年には本ノ木遺跡の再調査も開始されて、ふたたび活況を呈しつつある。小瀬ヶ沢・室谷洞窟を原点とする、地域的な研究のさらなる発展を期待したい。

4　遺跡・遺物の保存と活用

国史跡と重要文化財の指定

文化財保護法による歴史的・学術的な高い価値をもつ遺跡として、室谷洞窟は一九八〇年二月に、また小瀬ヶ沢洞窟は一九八二年一二月に国史跡の指定を受けた。その指定面積は室谷三万平方メートル、小瀬ヶ沢二万平方メートルにおよび、洞窟周辺を含む範囲がしっかり保護されている。現在、本格的に整備されてはいないが、むしろ遺跡を訪れる者にとっては、山々に囲まれた自然のままの景観から、縄文的なたたずまいを感じとることができるだろう。

一方、一九九七年に文化庁から、小瀬ヶ沢から出土した遺物を重要文化財の候補にどうかとの話があった。それを受けて長岡市立科学博物館では新潟県教育委員会と連携して、まず出土品をしっかり整理したうえで新潟県指定文化財を目指すことになった。すべての遺物を分類・集計し、一九九八年三月にその全点が県の有形文化財（考古資料）の指定を受けた。

その後、重要文化財指定にむけて、さらに資料の整理作業を進めた。種類ごとに主要な候補を選出し、台帳を作成して全点の計測等をおこなった。そして、二〇〇〇年六月に小瀬ヶ沢洞窟出土品のうち主要な土器、石器・石製品、骨器の計一三五〇点が重要文化財に指定された。「日本列島における土器出現の時期の様相を如実に示す代表的資料として、さらに北東アジア地域のこの時期の動向を知る資料として」高い評価を受けたのである。

また、同年の一二月には室谷洞窟出土品のうち、下層と上層から出土した主要な土器、石器、骨製品など計一四〇二点が「日本における縄文時代草創期の生活相を知る上で、及び早・前期の地域交流を知る上で極めて貴重な学術資料」として指定された。縄文時代草創期に関連する

図 63 ● 室谷洞窟の現状（2004 年 4 月撮影）
道路が整備されて洞窟の前まで自動車で行くことができる。

資料としては、長野県神子柴遺跡、東京都前田耕地《まえだこうち》遺跡、長崎県泉福寺洞窟、福井県鳴鹿山鹿《なるかさんか》に次ぐ重文指定となった。なお、室谷洞窟出土品のうち、復元されていた草創期の土器五点と早・前期の土器二点は、石膏部分の劣化が進んでいたため、二〇〇二年に文化庁の補助事業を受けて解体と修理をおこない、保存と活用がはかられた。

小瀬ヶ沢発見から五〇年―あとがきにかえて―

一九五七年に小瀬ヶ沢洞窟が発見されてから今年でちょうど五〇年になる。その節目にあたる年に本書を刊行することには感慨深いものがある。小瀬ヶ沢・室谷を発掘した中村孝三郎先生に初めてお会いしたのは、私が長岡市に勤めはじめた一九八七年のことであった。当時は長岡市史の編さん業務を担当していて、上司と一緒にご自宅を訪れたのであるが、長時間にわたって自身の考古学を語るその熱弁にまず圧倒され、とても驚いた覚えがある。その後、何度かご自宅にうかがって、先生の発掘や遺跡に関するお話をじっくり聞かせていただいた。

中村先生が一九九四年に死去された後、奥様のマサさんからご自宅に残された資料が科学博物館に寄贈された。当時博物館の学芸員になっていた私はそれらの整理を担当し、一九九八年には特

図64 ● 小瀬ヶ沢洞窟の現状（2004年4月撮影）
開口部やテラス部分には崩落等を保護するための石柱の柵がある。

別展「越後長岡の考古学者・中村孝三郎の軌跡」を開催した。その後、本書にも記したように小瀬ヶ沢・室谷の出土品が重要文化財に指定される機会にも恵まれ、自分なりに先生の業績に対する理解を深めることができたように思う。

博物館に残る中村先生の発掘資料には、朱墨による注記が残されている。遺物を管理する立場になってよくわかったが、先生が発掘・収集した数十万点におよぶであろう資料には微細な土器一点・剝片一点でも先生自ら注記していたのである。遺物をじっくり観察する姿勢、それにトレース図から伝わってくる石器の実測にかける気合と執念には、ただ感服するばかりであった。

中村先生との関係、そして小瀬ヶ沢・室谷洞窟の両遺跡や出土品をとおして、多くの方々からご指導をいただいた。北は北海道、南は鹿児島まで、草創期の研究を志す気鋭の研究者がつぎつぎに小瀬ヶ沢・室谷の遺物を見学にやってくるのである。「遺跡を学ぶ」ことは、まさに人を学ぶことでもある。それらを念頭に置きながら本書の執筆に臨んだのであるが、学史に輝く重要な遺跡であるがゆえに肩に力が入ってしまい、筆もなかなか進まなかった。本シリーズ編集委員の石川日出志先生から声をかけていただいたのは二〇〇四年にさかのぼるが、その年の秋に新潟県中越地震に遭ってしまい、勤務する科学博物館の被害も大きく、しばらくはその復旧業務に忙殺された。そのため、長らく執筆を中断することになってしまったが、ようやく仕上げることができた。最後に、中村孝三郎先生のご遺族をはじめとする多くの関係者の方々に心より感謝申し上げたい。

参考文献

〈小瀬ヶ沢・室谷洞窟関係〉

中村孝三郎　一九五八「新潟県東蒲原郡上川村神谷小瀬沢洞窟」『NKH』二　長岡市立科学博物館
中村孝三郎　一九六〇「新潟県東蒲原郡上川村小瀬ガ沢洞窟発掘調査報告（第一次）・（第二次）」『越佐研究』一六
中村孝三郎　一九六〇『小瀬が沢洞窟』長岡市立科学博物館
中村孝三郎　一九六二「室谷洞窟」『阿賀―東蒲原郡学術総合調査報告書―』（新潟県文化財年報第4）　新潟県教育委員会
中村孝三郎・小片　保　一九六四『室谷洞窟』長岡市立科学博物館
小片　保　一九六四「越後国室谷洞窟人骨所見―特に半環状配石遺構、甕被葬並びに抱石葬の一形式―」『人類学雑誌』七〇―一
金子浩昌　一九六四「室谷洞窟の動物遺存体」『上代文化』三四
中村孝三郎　一九六七「新潟県室谷洞穴」『日本の洞穴遺跡』（日本考古学協会洞穴調査委員会編）平凡社
小林達雄　一九六八「室谷第一群土器に関する覚書」『歴史教育』一六―四
中村孝三郎　一九七〇『古代の追跡―火焔土器から蒼い足跡まで』講談社
中村孝三郎　一九七八『越後の石器』学生社
小熊博史・前山精明他　一九九三「新潟県小瀬が沢洞窟遺跡出土遺物の再検討」シンポジウム1『環日本海における土器出現期の様相』日本考古学協会新潟大会実行委員会
小野　昭・鈴木俊成編　一九九四『環日本海地域の土器出現期の様相』雄山閣
谷口康浩　一九九六「室谷洞窟出土土器の再検討」『かみたに』人文編（新潟県上川村神谷地域学術調査報告書）上川村
長岡市立科学博物館　一九九八　特別展図録『越後長岡の考古学者・中村孝三郎の軌跡』
中島栄一「中村孝三郎の生涯」　関　雅之「西蒲原郡・六地山遺跡発掘調査の思い出」
長岡市立科学博物館　二〇〇一　長岡市立科学博物館開館五〇周年記念特別展図録『重要文化財考古資料展―火焔土器と小瀬ヶ沢・室谷洞窟出土品―』
西本豊弘「室谷洞窟から出土した動物遺体」　小熊博史・立木宏明「新潟県内の遺跡と遺物の概要」
佐藤雅一「信濃川上流域の遺跡と遺物の様相」
藁科哲男・小熊博史　二〇〇二「新潟県小瀬ヶ沢洞窟・室谷洞窟遺跡出土黒曜石製遺物の原材産地分析」『長岡市立科学博物館研究報告』三七
土肥　孝　二〇〇三「小瀬ヶ沢洞窟遺跡出土の石匙と奥白滝1遺跡ｓｂ43出土のつまみ付きナイフについて」『長岡市立科学博物館研究報告』三八

東蒲原郡史編さん委員会　二〇〇六『東蒲原郡史』資料編1原始
中島栄一「（第二章第一節）遺跡発見から発掘・報告書刊行まで」（資料一　中村孝三郎氏卓上日誌・手帳）
小熊博史・加藤　学他「（第二章第二節）小瀬ヶ沢洞窟」「（同第三節）室谷洞窟」
橋詰　潤　二〇〇七「本ノ木遺跡および小瀬ヶ沢洞窟採集の石器について」『長岡市立科学博物館研究報告』四二

〈その他〉

山内清男　一九三二「日本遠古之文化二」『ドルメン』一―五
江坂輝弥　一九四四「廻転押捺文土器の研究」『人類学雑誌』五九―八
芹沢長介　一九五四「関東及び中部地方における無土器文化の終末と縄文文化の発生とに関する予察」『駿台史学』四
八幡一郎　一九三六「越後中魚沼郡芋坂の土器略報」『人類学雑誌』五一―一二
斎藤秀平　一九三七「新潟県に於ける石器時代遺蹟調査報告」『新潟県史蹟名勝天然記念物調査報告第七輯』　新潟県
山内清男・佐藤達夫　一九六二「縄文土器の古さ」『科学読売』一四―一二
小林達雄　一九六二「無土器文化から縄文文化の確立まで」『國學院大學創立八〇周年記念若木祭展示目録』（上代文化別冊）
山内清男　一九六九「縄紋草創期の諸問題」『MUSEUM』二二四
佐藤達夫　一九七一「縄紋式土器の研究課題―特に草創期前半の編年について―」『日本歴史』二七七
栗島義明　一九八六「『渡来石器』考―本ノ木遺跡をめぐる諸問題―」『旧石器考古学』三三
埼玉県考古学会　一九八八「シンポジウム『縄文草創期―爪形文土器と多縄文土器をめぐる諸問題』記録集」『埼玉考古』二四
澁谷昌彦　一九八八「仲道A遺跡草創期土器の編年学的研究―小瀬ヶ沢、室谷洞窟出土土器との比較を中心として―」『考古学叢考』下巻　吉川弘文館
大塚達朗　一九九〇・九一「窩紋土器研究序説―肥厚系口縁部土器群とその変化―（前篇・後篇）」『東京大学文学部考古学研究室紀要』九・一〇
小田川哲彦・坂本真弓　一九九九『櫛引遺跡』　青森県教育委員会
永峯光一・広瀬昭弘　二〇〇一『湯倉洞窟』　高山村教育委員会
中島　宏　二〇〇二「室谷下層式土器についての一考察（Ⅱ）」『研究紀要』二四　埼玉県立歴史資料館
長沼　孝　二〇〇三「北海道島の様相―細石刃石器群と尖頭器石器群―」『季刊考古学』八三
谷口康浩　二〇〇四「日本列島初期土器群のキャリブレーションC14年代と土器出土量の年代的推移」『考古学ジャーナル』五一九
長沼正樹　二〇〇五「日本列島における更新世終末期の考古学的研究―縄文文化起源論と旧石器終末期研究の学説史に着目して―」『論集　忍路子』Ⅰ

小瀬ヶ沢洞窟・室谷洞窟

・国指定史跡
・新潟県東蒲原郡阿賀町神谷（上川地区）※本文地図参照
・新潟駅から津川駅までJR磐越西線で約1時間30分、津川駅から自動車で小瀬ヶ沢洞窟付近まで約20分、室谷洞窟付近まで約30分。いずれも国道49号経由で、県道227号（室谷津川線）を南下するルート。

上川郷土資料館

・新潟県東蒲原郡阿賀町豊川甲352番地
・電話　0254（95）3639
・開館日　水・土・日曜日のみ
・入館料　無料
・問い合わせ　阿賀町教育委員会社会教育課〔0254（92）3333〕
・新潟市万代バスセンターから上川支所前まで高速バスで約1時間30分。
・旧上川村管内から収集した民俗資料・考古資料を多数展示している。とくに縄文時代の遺物が充実している。少数ではあるが、寄贈された小瀬ヶ沢洞窟の資料もある。

長岡市立科学博物館

・新潟県長岡市柳原町2番地1
・電話　0258（32）0546
・開館時間　9：00〜17：00
・休館日　毎月第1・3月曜日および12月28日〜1月4日
・入館料　無料
・JR長岡駅から徒歩15分

長岡市立科学博物館（考古展示室）

長岡市立科学博物館所蔵の馬高遺跡出土火焔土器

・人文系と自然系の七部門からなる総合博物館。重要文化財「小瀬ヶ沢・室谷洞窟遺跡出土品」のほか、馬高遺跡発見の「火焔土器」など、旧石器時代や縄文時代を中心とした越後の先史時代の遺跡から出土した遺物を時代順に展示している。なお、長岡市内には新潟県立歴史博物館（関原町1丁目）があり、縄文文化に関する豊富な展示を見学することができる。室谷洞窟出土の人骨を復元した女性像もある。

刊行にあたって

「遺跡には感動がある」。これが本企画のキーワードです。

あらためていうまでもなく、専門の研究者にとっては遺跡の発掘こそ考古学の基礎をなす基本的な手段です。また、はじめて考古学を学ぶ若い学生や一般の人びとにとって「遺跡は教室」です。

日本考古学では、もうかなり長期間にわたって、発掘・発見ブームが続いています。そして、毎年厖大な数の発掘調査報告書が、主として開発のための事前発掘を担当する埋蔵文化財行政機関や地方自治体などによって刊行されています。そこには専門研究者でさえ完全には把握できないほどの情報や記録が満ちあふれています。しかし、その遺跡の発掘によってどんな学問的成果が得られたのか、その遺跡やそこから出た文化財が古い時代の歴史を知るためにいかなる意義をもつのかなどといった点を、莫大な記述・記録の中から読みとることははなはだ困難です。ましてや、考古学に関心をもつ一般の社会人にとっては、刊行部数が少なく、数があっても高価なその報告書を手にすることすら、ほとんど困難といってよい状況です。

いま日本考古学は過多ともいえる資料と情報量の中で、考古学とはどんな学問か、また遺跡の発掘から何を求め、何を明らかにすべきかといった「哲学」と「指針」が必要な時期にいたっていると認識します。

本企画は「遺跡には感動がある」をキーワードとして、発掘の原点から考古学の本質を問い続ける試みとして、日本考古学が存続する限り、永く継続すべき企画と決意しています。いまや、考古学にすべての人びとの感動を引きつけることが、日本考古学の存立基盤を固めるために、欠かせない努力目標の一つです。必ずや研究者のみならず、多くの市民の共感をいただけるものと信じて疑いません。

監　修　戸沢　充則
編集委員　石川日出志　小野　正敏
勅使河原彰　佐々木憲一

著者紹介

小熊博史（おぐま・ひろし）

1963年、新潟県栃尾市（現長岡市）生まれ。新潟大学人文学部卒。

現在、長岡市立科学博物館考古研究室学芸員。

主な著作 「縄文時代早期終末における絡条体圧痕文土器の一様相—新潟県中魚沼地方の資料を中心に—」『信濃』41—4、「越後平野における旧石器・縄文時代の遺跡の立地とその変遷」『第四紀研究』35—3、「卯ノ木遺跡出土土器の研究１—押型文土器の再検討—」『長岡市立科学博物館研究報告』32、「新潟県荒沢遺跡出土の赤色顔料とその利用形態」『旧石器考古学』64など

図の出典
図 1・3・4 ～14、16・18～20・23～38・40・42～44・47・48～50・52～59・62の写真：長岡市立科学博物館提供
図1右：小熊・加藤2006より
図17・21・41・45：中村1960・1964、長岡市立科学博物館2001より
図61：山内・佐藤1962より
図62：藁科・小熊2002、澁谷1988、小田川他1999、永峯他2001より
その他は著者による。

シリーズ「遺跡を学ぶ」037

縄文文化の起源をさぐる・小瀬ヶ沢《こせがさわ》・室谷《むろや》洞窟

2007年 5月31日 第1版第1刷発行

著　者＝小熊博史
発行者＝株式会社 新 泉 社
東京都文京区本郷2-5-12
振替・00170-4-160936番 TEL03(3815)1662／FAX03(3815)1422
印刷／萩原印刷 製本／榎本製本

ISBN978-4-7877-0737-6 C1021

シリーズ「遺跡を学ぶ」

第Ⅰ期（全31冊・完結）

01 北辺の海の民・モヨロ貝塚　米村　衛
02 天下布武の城・安土城　木戸雅寿
03 古墳時代の地域社会復元・三ツ寺Ⅰ遺跡　若狭　徹
04 原始集落を掘る・尖石遺跡　勅使河原彰
05 世界をリードした磁器窯・肥前窯　大橋康二
06 五千年におよぶムラ・平出遺跡　小林康男
07 豊饒の海の縄文文化・曽畑貝塚　木﨑康弘
08 未盗掘石室の発見・雪野山古墳　佐々木憲一
09 氷河期を生き抜いた狩人・矢出川遺跡　堤　隆
10 描かれた黄泉の世界・王塚古墳　柳沢一男
11 江戸のミクロコスモス・加賀藩江戸屋敷　追川吉生
12 北の黒曜石の道・白滝遺跡群　木村英明
13 古代祭祀とシルクロードの終着地・沖ノ島　弓場紀知
14 黒潮を渡った黒曜石・見高段間遺跡　池谷信之
15 縄文のイエとムラの風景・御所野遺跡　高田和徳
16 鉄剣銘一一五文字の謎に迫る・埼玉古墳群　高橋一夫
17 石にこめた縄文人の祈り・大湯環状列石　秋元信夫
18 土器製塩の島・喜兵衛島製塩遺跡と古墳　近藤義郎
19 縄文の社会構造をのぞく・姥山貝塚　堀越正行
20 大仏造立の都・紫香楽宮　小笠原好彦
21 律令国家の対蝦夷政策・相馬の製鉄遺跡群　飯村　均
22 筑紫政権からヤマト政権へ・豊前石塚山古墳　長嶺正秀
23 弥生実年代と都市論のゆくえ・池上曽根遺跡　秋山浩三
24 最古の王墓・吉武高木遺跡　常松幹雄
25 石槍革命・八風山遺跡群　須藤隆司
26 大和葛城の大古墳群・馬見古墳群　河上邦彦
27 南九州に栄えた縄文文化・上野原遺跡　新東晃一
28 泉北丘陵に広がる須恵器窯・陶邑遺跡群　中村　浩
29 東北古墳研究の原点・会津大塚山古墳　辻　秀人
30 赤城山麓の三万年前のムラ・下触牛伏遺跡　小菅将夫
別01 黒耀石の原産地を探る・鷹山遺跡群　黒耀石体験ミュージアム

第Ⅱ期（全20冊・好評刊行中）

31 日本考古学の原点・大森貝塚　加藤　緑
32 斑鳩に眠る二人の貴公子・藤ノ木古墳　前園実知雄
33 聖なる水の祀りと古代王権・天白磐座遺跡　辰巳和弘
34 吉備の弥生大首長墓・楯築弥生墳丘墓　福本　明
35 最初の巨大古墳・箸墓古墳　清水眞一
36 中国山地の縄文文化・帝釈峡遺跡群　河瀬正利
37 縄文文化の起源をさぐる・小瀬ヶ沢・室谷洞窟　小熊博史

A5判／96頁／定価1500円＋税